新版
スペイン語の手紙

Eメールと手紙の書き方

木下登 著

白水社

スペイン語テキスト校閲：Dra. Mª. A. Fátima Martín Sánchez
Ｅメール関連執筆協力：木下まりあ（愛知淑徳大学非常勤講師）
　　　　　　　　　　木下智統（名古屋大学非常勤講師）
装丁：森デザイン室

まえがき

　もうずっと以前のことになるが、スペインでの学業を終えて帰国したとき、白水社から「スペイン語の手紙」の執筆のお誘いをいただいた。しばらくその返事に戸惑っていたとき、筆者の恩師は、「西欧では、ルネサンス期におけるように、哲学者たちは友人に宛てた書簡の中で、多々、新しい考えを表明した。場合によっては、それが友人間で待ち望まれ、回覧され、新しい思想の伝播にとって貴重な媒介となった」、ということに言及された。ほどなくして、「スペイン語の手紙」をまとめてみようと思うにいたった。

　初版『スペイン語の手紙』では、スペイン語を母語とする人たちの考え方が自然なスペイン語で表明されていることを基本として、日常的に使われている表現をもとに全体を構成した。幸いにも多くの読者の支持を得て、14版を重ねた。

　『新版 スペイン語の手紙 Eメールと手紙の書き方』では、今日、世界のコミュニケーション手段として欠かせない「メール」を加えた。全11章に配されたたくさんの例文には、メッセージが自然なスペイン語で表現されていることを第一として、実用性の高い多彩なスペイン語表現を盛り込んだ。簡単なメールで思いを伝えたい初級者から、人生のさまざまな局面において心意を尽くした手紙を送りたい中・上級者まで、さまざまな方々の要望に応えるものとなっている。読者の方々にとって、スペイン語のメールや手紙を通した思想の交流を図る一助となれば幸いである。

　本書の出版にあたり、恩師、南山大学名誉教授ペドロ・シモン先生、サラマンカ大学名誉教授シリロ・フローレス先生、南山大学名誉教授高橋覚二先生、そして同僚のアルトゥーロ・エスカンドン先生にはお力添えをいただいた。白水社編集部鈴木裕子氏は遅々として進まぬ執筆を優しいお心でお導きくださった。心から感謝申し上げる次第である。

2013年4月　　　　　　　　　　　　　　　　　　　　　　著　者

目　次

まえがき　*3*
本書の使い方　*10*

1. 手紙の構成　*12*
2. 封筒の使い方　*18*
3. 絵はがきの書き方　*20*
4. 国際返信切手券　*21*
5. 手紙でよく使われる略語　*22*

1　友人間のメールと手紙 *25*

1.1　スペインの夢を見ています　メール　*26*
1.2　バルセロナに訪ねていきます　メール　*27*
1.3　成田で待っています　メール　*28*
1.4　トレドから　メール　*29*
1.5　会えるといいのですが　メール　*30*
1.6　日本語、上達しましたね　メール　*31*
1.7　旅先から（絵はがき）　*32*
1.8　サンタ・バーバラから（絵はがき）　*32*
1.9　臨床心理士として働いています（絵はがき）　*33*
1.10　ロンドンでの生活（絵はがき）　*34*
1.11　元気でやっていますか　*35*
1.12　私のことを覚えていますか　*36*
1.13　夏をどのように過ごしましたか　*37*
1.14　恋の予感　*38*
1.15　スペイン語で手紙を書きます　*39*
1.16　仕事の様子　*40*
1.17　国際結婚　*41*
1.18　スペインはいかがですか　*42*
1.19　バルセロナで勉強しています　*43*
1.20　論文ははかどっていますか　*44*
1.21　成績はどうでしたか　*45*
1.22　手紙が書けませんでした　*47*
1.23　落ち込んでいました　*48*
表現集　*49*

2 祝う 51

- 2.1 お誕生日おめでとう 〈メール〉 52
- 2.2 クリスマスおめでとう 〈メール〉 53
- 2.3 赤ちゃんの誕生おめでとう 〈メール〉 54
- 2.4 卒業おめでとう 〈メール〉 55
- 2.5 昇進おめでとう 〈メール〉 56
- 2.6 クリスマスカード（1） 57
- 2.7 クリスマスカード（2） 57
- 2.8 年始の挨拶（1） 58
- 2.9 年始の挨拶（2） 58
- 2.10 クリスマスと新年を祝う（1） 58
- 2.11 クリスマスと新年を祝う（2） 59
- 2.12 クリスマス休暇について 60
- 2.13 前文への父親の添え書き 61
- 2.14 誕生日を祝う 61
- 2.15 誕生日のプレゼント 62
- 2.16 誕生日のプレゼントをしたいのですが…… 62
- 2.17 霊名の祝日を祝う 63
- 2.18 赤ちゃんの誕生を祝う 64
- 2.19 洗礼を祝う 65
- 2.20 合格を祝う 66
- 2.21 就職を祝う 66
- 2.22 昇進を祝う（1） 67
- 2.23 昇進を祝う（2） 68

表現集 69

3 知らせる 71

- 3.1 写真を送ります 〈メール〉 72
- 3.2 プレゼントを送ります 〈メール〉 73
- 3.3 転居のお知らせ 〈メール〉 74
- 3.4 アドレスの変更です 〈メール〉 75
- 3.5 メールが途中で切れています 〈メール〉 76
- 3.6 Facebookを始めました 〈メール〉 77
- 3.7 東京でお待ちしています 〈メール〉 78
- 3.8 マドリードに行くことを知らせる 79
- 3.9 旅行の日程を知らせる 79
- 3.10 結婚を知らせる 81

3.11 赤ちゃんが生まれることを知らせる　*82*
3.12 友人に甥が生まれたことを知らせる　*83*
3.13 住所の誤りを知らせる　*84*
3.14 カタログの送付を知らせる　*84*
3.15 コピーの送付を知らせる　*85*
3.16 友人の母の死を知らせる　*86*
表現集　*87*

4　誘う、招く　*89*

4.1 お茶をしませんか　メール　*90*
4.2 ショッピングに行きませんか　メール　*91*
4.3 祭に行きませんか　メール　*92*
4.4 すき焼きを食べに行きませんか　メール　*93*
4.5 夕食に来ませんか　*94*
4.6 生け花への誘い　*94*
4.7 生け花の誘いへの返事　*95*
4.8 茶道はいかが　*96*
4.9 レオンへ遊びにいらっしゃい　*97*
4.10 レオンへ遊びにいらっしゃいへの返事　*98*
4.11 新築披露パーティーへの招待　*99*
4.12 パーティーに来てもらえず残念　*99*
4.13 誕生パーティーへの招待　*100*
4.14 本人が出す結婚式と披露宴への招待（1）　*101*
4.15 本人が出す結婚式と披露宴への招待（2）　*101*
4.16 招待をありがたくお受けします　*102*
4.17 双方の両親が出す結婚式と披露宴への招待状　*103*
4.18 結婚の通知状　*104*
4.19 講演会への招待　*104*
表現集　*106*

5　問い合わせる、申し込む　*109*

5.1 メールは届いていますか　メール　*110*
5.2 プログラムを送ってください　メール　*111*
5.3 入学許可証について　メール　*112*
5.4 商品が届きません　メール　*113*
5.5 友人にホテルの住所を問い合わせる　*114*
5.6 観光案内所に問い合わせる　*114*
5.7 観光局にパンフレットを頼む　*116*

- 5.8 　講座のプログラム送付を頼む　*116*
- 5.9 　アポイントメントを取る　*117*
- 5.10　ビザ更新を申し込む　*118*
- 5.11　求人広告に応募する　*119*
- 5.12　大使館に問い合わせる　*120*
- 5.13　新聞の購読を申し込む　*121*
- 5.14　ホテルに予約を申し込む　*121*
- 5.15　本を注文する　*122*
- 5.16　出版社に絶版かどうか問い合わせる　*123*
- 表現集　*124*

6　頼む *127*

- 6.1 　アドバイスをお願いします　メール　*128*
- 6.2 　お願い、飛行場まで来てください　メール　*129*
- 6.3 　会いに来てください　メール　*130*
- 6.4 　友人がセビリアに行きます　メール　*131*
- 6.5 　手紙をください（1）　*132*
- 6.6 　手紙をください（2）　*132*
- 6.7 　伝言を頼む　*133*
- 6.8 　電話をください（カード）　*134*
- 6.9 　コピーを頼む　*134*
- 6.10　入学願い　*135*
- 6.11　書類を整えてください　*137*
- 6.12　宣伝をしてください　*137*
- 表現集　*139*

7　紹介する、推薦する *141*

- 7.1 　レストランを紹介してください　メール　*142*
- 7.2 　ホームステイ先を紹介してください　メール　*143*
- 7.3 　通訳を紹介してください　メール　*144*
- 7.4 　友人に知人を紹介する（1）　*145*
- 7.5 　友人に知人を紹介する（2）　*145*
- 7.6 　知人に教え子を紹介する（1）　*146*
- 7.7 　知人に教え子を紹介する（2）　*147*
- 7.8 　友人を紹介する（1）　*148*
- 7.9 　友人を紹介する（2）　*149*
- 7.10　紹介状　*150*
- 7.11　通訳を紹介する　*151*

7.12 教え子を推薦する (1) *152*
7.13 教え子を推薦する (2) *153*
7.14 留学生審査委員会への推薦状 *154*
7.15 推薦状 (1) *154*
7.16 推薦状 (2) *155*
7.17 推薦状 (3) *157*
7.18 推薦状 (メモ) *158*
表現集 *159*

8 見舞い、お悔やみ ... *161*

8.1 元気ですか メール *162*
8.2 暑中お見舞いします メール *163*
8.3 ご心配、ありがとう メール *164*
8.4 お見舞いのご挨拶 メール *165*
8.5 交通事故に遭った友人を見舞う (1) *166*
8.6 交通事故に遭った友人を見舞う (2) *166*
8.7 地震を見舞う *167*
8.8 弔慰文 (1) *168*
8.9 弔慰文 (2) *168*
8.10 お体を大切に *169*
表現集 *171*

9 お礼 ... *173*

9.1 無事帰国しました メール *174*
9.2 お世話になりました メール *175*
9.3 プレゼントをありがとう メール *176*
9.4 母へのプレゼントをありがとう メール *177*
9.5 お見舞いありがとう メール *178*
9.6 旅行中に世話になったお礼 (1. 絵はがき) *179*
9.7 旅行中に世話になったお礼 (2) *179*
9.8 旅行中に世話になったお礼 (3) *180*
9.9 旅行中に世話になったお礼 (4) *181*
9.10 お年賀ありがとう *182*
9.11 手紙へのお礼 (1) *183*
9.12 手紙へのお礼 (2) *184*
9.13 手紙へのお礼 (3) *185*
9.14 結婚祝いへのお礼 *186*
9.15 訪問中に世話になった知人へのお礼 *187*

9.16 大使館へのお礼　*188*
9.17 弔慰へのお礼　*188*
表現集　*190*

10　お詫び　*191*

10.1 約束を取り消してください　メール　*192*
10.2 返事が遅れてごめんなさい　メール　*193*
10.3 メールが書けなくてごめんなさい　メール　*194*
10.4 うっかりしていてごめんなさい　メール　*195*
10.5 煩わしい思いをさせてごめんなさい　メール　*196*
10.6 お会いできず残念でした　*197*
10.7 手紙を書かなくてごめんなさい（1）　*197*
10.8 手紙を書かなくてごめんなさい（2）　*198*
10.9 誤解についてお詫びいたします　*199*
表現集　*200*

11　ラブレター　*201*

11.1 カフェに行きませんか　メール　*202*
11.2 映画に行きませんか　メール　*203*
11.3 スペインに行きます　メール　*204*
11.4 愛しい人へ　*205*
11.5 君がそばにいてくれたら（返事）　*206*
11.6 恋人として交際してください　*207*
11.7 とってもうれしいです（返事）　*208*
11.8 なぜお便りくださらないのですか　*208*
11.9 今後はよい友だちとして（返事）　*210*

付録　*211*
1. 履歴書（Curriculum Vitae）　*212*
2. ファックス送付（El envío de Fax）　*216*
3. 伝言（el recado）　*217*
4. 委任状（la autorización）　*218*
5. 領収書（el recibo）　*219*
6. 運転免許証（el permiso de conducción）　*220*
7. 成績証明書（el certificado de calificaciones）　*222*

索引　*223*

本書の使い方

　本書は、スペイン語でメールや手紙を書く時に役立つ最良の書となることを目指しています。
　日常生活のさまざまな場面の中で、私たちは「メールや手紙を書く」ことが必要となります。考えや気持ちを文字で表現することは、日本語で行ってもなかなかたいへんな作業ですが、こと「スペイン語で書く」となると、とまどったり、時には、ためらってしまったりする場合があるかもしれません。しかし、必要性は容赦なく迫ってきます。
　クリスマスカードに一言書き添えたい。誕生日おめでとうメールを送りたい。留学についての資料を請求したい。ホテルに予約の確認をしたい。滞在中にお世話になった方に礼状をしたためたい。親しくなった友人に近況を知らせたい。不幸があった方にお悔やみを伝えたい。好きになった人に自分の気持ちをどうしても伝えたい。
　こんな時、さっそくこの本のページをめくってみてください。「そのまま使える」表現が見つかると思います。もし、そのものズバリとはいかなくても、単語を入れ換えたり、発想にひと工夫したりすれば、活用できる表現がこの本のどこかに見つかることでしょう。すべての例文には日本語訳が付いています。
　各章の前半では、スペイン語を学び始めた方々が、さまざまな場面に対して簡単な短い「メール」を書くことができるようにと工夫されています。後半では、上級者までを対象とし、さまざまな局面を対象にして、短文に限らず長文の作成も可能となるように多彩な表現を盛り込んでいます。また、それぞれの章末には、さらに表現の幅を広げる「表現集」を配しています。

📧　メールの例文は、スペイン語で文を書くことにまだ慣れていない方々にも大いに活用していただけるように、次の手順でまとめてあります。
・メールの「書き手」は、日本語を母語とする「私」("yo"、1人称単数）です。すなわち、いま本書を手にしてくださっている読者のあなたです。
・メールの「読み手」は、スペイン語を母語とする、友人をはじめ親しい間柄の「君」または「あなた」("tú"、2人称単数）です。
・「読み手」が初めてメールを送る間柄であったり、情報の問い合わせ等、メールの内容から、「貴方」、「担当者様」、「貴校」といった丁寧な表現を必要としたりする場合は、「読み手」は "usted" または "ustedes"（3人称単数または複数）扱いです。
・メール文の例文は、5行前後で構成されています。これらの文は、個別でも利

用しやすいように一文ごとに改行し、下方にそれぞれに対応する日本語訳が付されています。日本語訳からスペイン語文を見つける、という利用方法も可能です。
・時の表現には下線が引いてあります。それを状況に応じて、他の時の表現で置き換えることによって例文の利用度が広がります。
・「NOTAS」では、例文中の語句の解説をしています。また、例文の「書き手」を単数から複数に、「読み手」（2人称扱い）を単数から複数に変化させた場合などの書き換え例を具体的に示しています。

手紙の例文は、スペイン語で手紙を書くことが楽しくなるようにと、四季折々につづられ、人生のさまざまな局面に対応した表現力豊かな例文がたくさん集められています。全体として次の特徴があります。
・例文は、すべて実際にやり取りされた文章であり、さらに優れたスペイン語の文筆家のチェックを経たものから成っています。
・「NOTAS」では、例文中にある語句やその使い方を幅を広げて解説することでその活用度を高めています。
・例文は、各章末の「表現集」と一体となって表現の幅を広げています。
・ほとんどの例文に、手紙だけでなくメールを書く際にも活用できるものを集めています。

1. 手紙の構成

一般に手紙は、次の７つの部分から構成されています。
実例を通して、スペイン語の手紙の構成から見ていきましょう。

A	Nagoya, 1 de abril de 2013
B	Dr. D. Cirilo Flórez Miguel Universidad de Salamanca Patio de Escuelas 1 <u>37008 SALAMANCA</u>, España
C	Estimado profesor y gran amigo:
D	Gracias ante todo por tu grata acogida y hospitalidad en Salamanca. Quería haberte escrito antes, pero, de regreso a Japón, he estado muy ocupado estos dos meses pasados. 　Acabo de leer el artículo que me regalaste en tu despacho sobre la Universidad de Salamanca. Éste trata de la historia de esta institución, que pronto celebrará el octavo centenario de su fundación y por eso me ha resultado muy interesante.
E	Muchos recuerdos a tu familia. 　Hasta pronto y saludos cordiales,
F	(Firma)
G	P. D. Saluda de mi parte al padre Enrique Rivera cuando le veas por la cuesta de la Universidad Pontificia.

A. 日付（la fecha）

差出人（el remitente）の場所と発信の日付は、最初のページの右上に書きます。
スペイン語における場所と日付の標準的な書き方は、〈都市名, 日＋月＋年〉の順です。日付は無冠詞です。

Nagoya, 1 de abril de 2013

B. 頭書（el encabezamiento）

受取人 (el destinatario) の姓名と住所は、日付から2行ほど下の左端に書きます。姓名には、必ず Sr. D., Sr.; Sra. D.ª, Sra. などの敬称を付けます。

頭書は、親しい人同士ではしばしば省略されます。

C. 挨拶（el saludo）

a) 本文は相手への挨拶で始まります。いろいろな表現がありますが、通常の手紙でもっともよく使われる挨拶の表現として次のものがあります。

相手が一人の場合	相手が複数の場合
Querido/da	Queridos/das
Estimado/da	Estimados/das
Distinguido/da	Distinguidos/das
Apreciado/da	Apreciados/das

　こうした言葉に相手の名前や amigo/ga/gos/gas などを続けます。

　いずれも「親愛なる…」「拝啓」と日本語では訳されますが、Estimado, Distinguido, Apreciado は、それぞれ「評価された」、「著名な」、「尊敬された」などの元の意味が込められていて、Querido よりもフォーマルな印象を与えます。また、Querido は絶対最上級 Queridísimo/ma/mos/mas の形と amigo の性数が一致した形、また Queridísima familia: などがよく使われます。

　挨拶は読み手に投げかける最初の言葉でもあり、手紙の中でも思いのほか重要な部分です。挨拶に続けて「：」(dos puntos) を付けます。

Querido amigo:	（友人・知人へ）
Querida amiga mía:	（友人へ）
Querida madre:	（母へ）
Queridísimos padres:	（両親へ）
Querido José:	（友人・知人へ）
Queridísima Anita:	（友人へ）
Querida familia:	（家族へ）
Estimado amigo:	（友人・知人へ）
Estimado Miguel:	（友人・知人へ）
Muy estimado Director:	（校長・部長などへ）
Distinguido amigo:	（友人・知人へ）
Apreciado amigo:	（友人・知人へ）

また、次のような表現も好んで使われます。

Inolvidable amigo:	（旧友へ）
Simpatiquísima Merche:	（友人へ）
Muy recordado amigo:	（旧友へ）
Sr. Director:	（校長・局長・部長へ）
Muy señor mío: / Muy Sr. mío:	（「貴方」、「担当者様」、「貴校」）
Muy señores nuestros:	（会社・団体へ）
¡Hola, Ignacio!:	（友人へ）
¡Hola, familia!:	（家族へ・知人宅へ）
¡Hola, Michiko!, ¿cómo estás?	（友人へ）

b) 敬称には、受取人の社会的地位にしたがって、次のような習慣的な使われ方をするものがあります。

学長 Rector	Magnífico	「殿」
判事 Juez	Señoría / V.S.	「閣下」
裁判官 Magistrado	Señoría Ilustrísima / Ilmo. Sr.	「閣下」
領事 Cónsul	Excmo. Sr. / Excelencia	「閣下」
大使 Embajador	V. E. / Excmo. Sr.	「閣下」
知事 Gobernador	Excmo. Sr. / V. E.	「閣下」
大臣 Ministro	Excmo. Sr. / Excelencia	「閣下」
大統領 Presidente	Excelentísimo / Muy Honorable	「閣下」
元首 Jefe de Estado	Excelencia / S. E.	「閣下」
皇太子 Príncipe	Alteza Real	「殿下」
国王 Rey	Majestad / S. M. / V. M.	「陛下」
司教 Obispo	Excelencia Reverendísima	「様」
大司教 Arzobispo	Eminencia Reverendísima / V. E.	「猊下」
枢機卿 Cardenal	Honorable Sr.	「猊下」

D. 本文（el cuerpo）

本文は挨拶から1行ほど下げ、各節は3〜5文字分空けて書き始めます。

文章は簡潔明瞭に書くことは言うまでもありませんが、スペイン語でメールや手紙を書く場合、いちばん問題になるのは tú と usted の使い分けでしょう。

原則としては、ごく親しい間柄（親子・夫婦・親友・恋人同士など）では tú, vosotros が用いられ、その他、年齢・地位などから相手に敬意を表する必要がある場合は usted, ustedes が用いられます。初めて手紙を出す相手の場合は、usted

が相手に不快感を与える危険性もなく無難と言えます。

相手が hablemos de ti とか vamos a hablar de ti「tú を使って話しましょう」と提案してきたら、ためらわず tú に切りかえることが相手と親しくなる大切なポイントです。

E. 結び（la despedida）

スペイン語の手紙では、結びの挨拶である「敬具」や「草々」などにあたる部分に受取人への思いをこめた言葉を書き添えます。もっとも簡単な表現 Un abrazo / Un saludo から、丁寧な表現 Le saluda muy cordialmente s. s. s. まで、よく使われる表現を以下に整理してみました。なお、結びの言葉は本文の内容と密接な関係がありますので、本書の各例文をよく参考にしてみることが必要です。

a) 最もよく使われる abrazo, saludo を使った結びの挨拶としては、次の表の中にある、X、X + Z、X + Y + Z：の 3 通りがあり、そこに込められる気持ちの強さに違いが出ます。また、abrazo には fuerte という形容詞が付けられることがよくあります。一般に、こうした表現の終りにコンマ「,」が付けられ、少しスペースを置いて、手紙では「書き手」の署名が、メールでは名前が書かれます。

X	Y	Z	
Un abrazo Abrazos（抱擁） Un saludo Saludos[1]（挨拶）	muy	afectuoso/sos agradecido/dos amistoso/sos atento/tos cariñoso/sos cordial/les entrañable/bles sincero/ros	（愛情のこもった） （感謝に満ちた） （友情のこもった） （丁重な） （愛情のこもった、優しい） （心からの） （親しい） （誠実な、心からの）

次の表現は、女性が多く使う結びの挨拶です。

> Un beso / Besos / Muchos besos ＋（de 差出人名 / a 受取人名）
> （キス、愛情をこめて）

b) 丁寧な結びの挨拶の中でよく使われるものとして、次の表現などがあります。

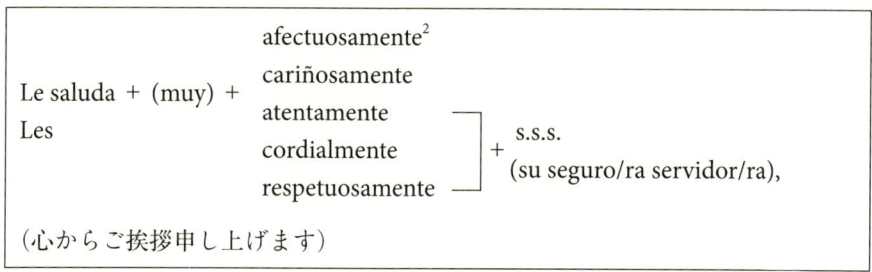

（心からご挨拶申し上げます）

NOTAS

1 単数形と複数形の使い分け：一般に相手が1人であれば単数形（**Un abrazo, Un saludo**）を、2人以上であれば複数形（**Abrazos, Saludos**）を使います。ただし、これはあくまで目安であり、実際には1人の相手に対して複数形を使う人もいます。**Beso**の場合は、1人の相手に対して**Besos**も多用されます。これは親しい女性同士では二度頬を触れ合わせて挨拶する（besar）ことが一般的であることに由来します。

2 この部分だけでも使われます。*ej.* Afectuosamente, Rafael（愛情をこめて、ラファエルより）

Quedo[1] tuyo/ya afectísimo/ma[2],
Quedo tu afectísimo/ma amiga/ga,
Quedo suyo/ya afectísimo/ma,
Quedo su afectísimo/ma amiga/ga,

NOTAS

1 主語を1人称とするほか、署名人（3人称）とする書き方もあります。
   ej. Le queda suya afectísima, Taeko Kanemura
2 主語の性数に一致します。

様々な受取人（2人称または3人称扱い）を想定し、〈参考例〉として冒頭の挨拶と結びの挨拶を次のページに一覧表にしました。詳しくは、本書の例文の中から適切な表現を選択してください。

受取人	冒頭の挨拶	結びの挨拶
2人称（tú / vosotros）扱い		
両親	Queridos padres:	Abrazos / Besos
父	Querido padre:	Un abrazo / Un beso / Besos
兄弟	Querido hermano:	Un abrazo / Un beso / Besos
娘	Querida hija:	Un abrazo / Un beso / Besos
娘（幼い子）	Querida hijita mía:	Un besito / Un beso / Besos
叔父	Querido tío José:	Un abrazo / Un beso / Besos
友人（同世代）	Querido amigo:	Un abrazo / Un beso / Besos
	Hola, Andrés:	Un abrazo amistoso
旧友	Recordada amiga:	Un abrazo fuerte
	Inolvidable amigo:	Un abrazo fuerte
知人	Apreciado Antonio:	Recibe, apreciado amigo, un cordial abrazo
	Estimada amiga:	Un abrazo
	Distinguido amigo:	Un abrazo fuerte
恋人	Queridísima Luisa:	Un abrazo / Un beso / Besos / Con todo mi amor
3人称（usted / ustedes）扱い		
知人（年配）	Estimada señora:	Un saludo cordial / Reciba mi afecto respetuoso
上司	Estimado señor:	Cordialmente / Atentamente / Reciba mi saludo respetuoso
恩師	Muy estimado profesor:	Reciba un saludo cordial
未知の女性	Señora:	Reciba, señora, mi más respetuoso saludo
子供の学校長	Señor/ra Director/ra:	Reciba, estimado/da señor/ra, todo mi agradecimiento
会社	De mi consideración:	Le saluda muy atentamente
	Muy señores míos:	Les saluda muy atentamente

F. 署名（la firma）

　手紙の最後には差出人が署名をします。履歴書など改まった文書の終わりにも署名は不可欠です。この場合、署名だけする場合と、次のように氏名を印字した上にする場合の 2 通りがあります。

　　　　　　　　　　　　　　　　　[signature]

　　　　　　　　　　　　　　Fdo. Juan Ramón Gómez
　　　　　　　　　　　　　　［Fdo./da. =Firmado/da「署名人」］

G. 追伸（la posdata）

　本文中に書き落としたことがあれば、下段の余白に P.D.（← posdata）「追伸」としてつけ加えることができます。

2. 封筒の使い方

a) 宛名（la dirección, las señas, el domicilio）は、封筒（el sobre）のほぼ中央部に適切な大きさではっきりと書きます。住所は、通り（街）、番地、地区名、市町村名、県名、最後に国名を書きます。この際、県名または都市名の前に郵便番号（el código postal）を記します。そして郵便番号と都市名に下線を引いて手紙がどこへまず配られるべきかを明確にします。

b) スペインの郵便番号は 5 桁の数字からなっていて、はじめの 2 つの数字は〈県〉、次の 3 つの数字は〈区分や配達についての情報〉を示しています。郵便番号は、郵便物の区分けを「迅速・効果的・安全」（rapidez, eficacia y seguridad）に実現するために使われます。

　　ej.　　Sr. Luis Iglesias Ortega
　　　　　C/ Rodrigo de Triana 63-1º A y B
　　　　　<u>41010 SEVILIA</u>（España）

　　ej.　　Sra. Carmen Jiménez
　　　　　C/ Algibe 32-20
　　　　　<u>03201 ELCHE</u>（Alicante）

c) スペインの運輸・観光・通信省が勧める定型封筒の使い方は次のとおりです。

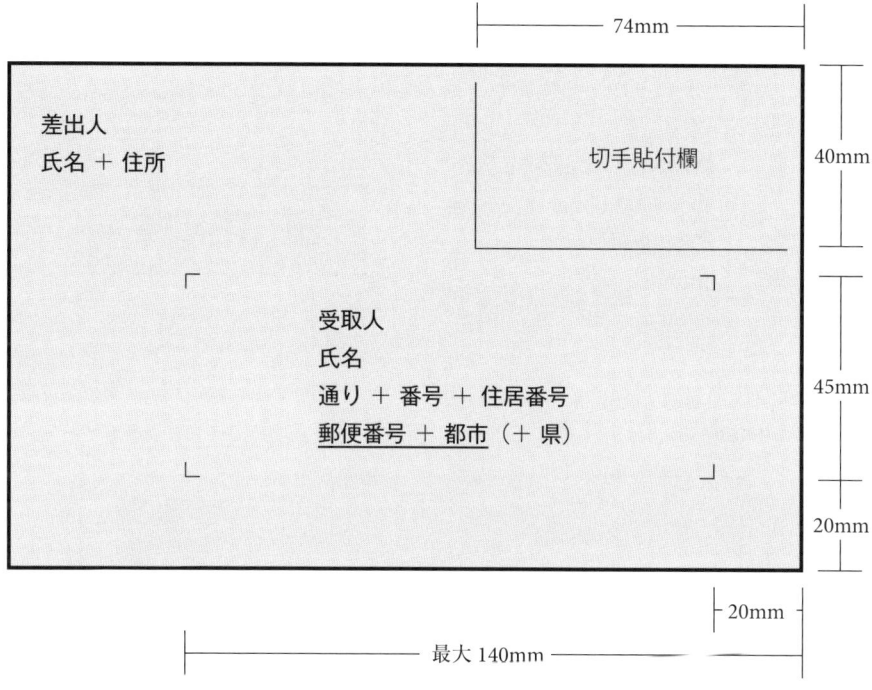

d) 受取人の名前の前には、必ず敬称を付けます。
   Sr. D. / Sr.　　　（男性）
   Sra. D.ª / Sra.　　（既婚女性）
   Srta. D.ª / Srta.　（未婚女性）

e) 受取人の肩書（el título）を入れたい場合には、たとえば次のような書き方が一般的です。
   Profesor Dr. D. Antonio Pintor Ramos

f) 「…様方」「…気付」にあたるスペイン語は al cuidado de ... または a cargo de ... です。しばしば a/c と略されます。
   Srta. Yuka Murata
   a/c Sra. María Sánchez
   Calle Santa Clara 12-3º Izq.
   37001 SALAMANCA, España

g) 切手（los sellos）は封筒の右上に貼ります。

h) 郵便の種類の指定は、封筒の左下の部分に、場合によっては赤色などを使って明確に書きます。また、郵便局でシールの貼付やスタンプを押してもらうこともできます。

「航空便」	Por avión / Correo aéreo
「速達」	Expreso / Urgente
「書留」	Certificado
「印刷物」	Impreso
「親展」	Confidencial

i) 差出人の住所は、封筒の裏面上部に書くのが一般的です。その際、差出人の前に Remitente（略 Rte.）と書き、「：」を打ちます。

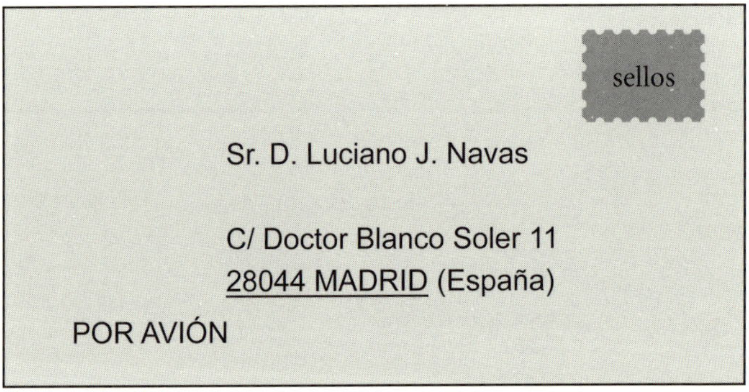

```
                                          sellos

      Sr. D. Luciano J. Navas

      C/ Doctor Blanco Soler 11
      28044 MADRID (España)
   POR AVIÓN
```

（裏面）

```
   Rte.:  Noboru Kinoshita,  a/c Universidad Nanzan
          18, Yamazato-cho, Showa-ku
          NAGOYA (466-8673) , Japón
```

3. 絵はがきの書き方

　比較的短い便りを書くとき、美しい絵はがき（la postal）を使うことはなかなかに気が利いていて楽しいものです。

　絵はがきは、右半分に受取人の住所氏名を書き、左半分に手紙の文面を簡潔に書きます。また、全面に文章を書き、封筒に入れて送ることもします。

```
        Tokio, 7 de julio
  Querida Ana María:
    Me alegré mucho de oírte
  hablar por teléfono.
    El libro que me pedías nos lo
  proporcionará una profesora
  de la Universidad de Estudios
  Extranjeros de Tokio, ya que no se
  vende en librerías.  Mi hermana
  se encarga de enviártelo.
    Muchos recuerdos a tu familia.
  Un abrazo cariñoso,
                    Yuriko
```

```
                sellos

Srta. Ana María Fuentes
C/ Princesa 1-2°-A
28008 MADRID (España)

POR AVIÓN
```

親愛なるアナ・マリアへ
電話でお話しできてとてもうれしかったです。
あなたに頼まれていた本は、東京外大の先生が貸して下さいます。というのはもう書店で売っていないのです。妹に送ってもらいます。
ご家族の皆さんによろしく。草々
百合子

4. 国際返信切手券

相手方に何かの発送を依頼する場合は、その送料として万国共通の国際返信切手券（el vale respuesta internacional または el cupón respuesta internacional）を必要額に応じた枚数同封することがたいせつな礼儀です。1枚150円で郵便局で購入できます。

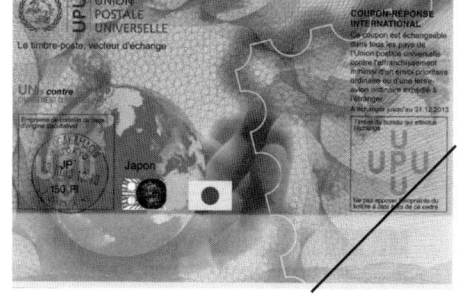

5. 手紙でよく使われる略語

a/c	al cuidado de	「…気付」
a D.g.	a Dios gracias	「おかげさまで」
affmo. / affma. Afmo./ Afma.	Afectísimo/ma	「親愛なる」
Atto. / Atta.	Atento/ta	「丁重な」
Atte.	Atentamente	「敬具」
Avda.	Avenida	「大通り」
B.L.M., b.l.m.	Besa la mano	「簡単な通知」
C/	Calle	「通り」
Ctra.	Carretera	「街道」
C/d.	Casa de	「…様方」
D.	Don	「…様（男性）」
D.[a]	Doña	「…様（女性）」
Dcha., dcha.	Derecha	「右側」
Dr. / Dra.	Doctor/ra	「博士」
Emmo.	Eminentísimo	「猊下」
E.P.D., e.p.d.	En paz descanse	「安らかに眠りたまえ」
Exmo. / Exma.	Excelentísimo/ma	「閣下」
G.P., g/p.	giro postal	「郵便為替」
Ilmo. / Ilma.	Ilustrísimo/ma	「閣下」
Iltre.	Ilustre	「…様」
Izq., izq.	Izquierda	「左」
L.B.L.M., l.b.l.m.	Le besa la mano	「敬具」
Ld.[o]	Licenciado	「修士」
M.[a]	María	「マリア」

N.B.	Nota Bene	「注、注釈」
Núm., n.º	Número	「番号」
ntro. / ntra.	nuestro/ra	「弊社の、当方の」
P.A., p.a.	Por autorización	「許可により」
pág.	página	「ページ」
P.º	Paseo	「通り」
P.D.	Pos(t)data	「追伸」
Pte.	Presente	「本状、今…」
P.S.	Post scriptum	「追伸」
Q.B.S.M., q.b.s.m.	Que besa su mano	「敬具」
Q.E.P.D., q.e.p.d.	Que en paz descanse	「安らかに眠りたまえ」
Rbla.	Rambla	「大通り」
Rda.	Ronda	「大通り」
Rvdo.	Reverendo	「神父様」
S.A.	Su Alteza	「殿下」
s/c	Su casa	「貴社、貴店」
S.E.	Su Excelencia	「閣下」
S.M.	Su Majestad	「陛下」
S.S.S., s.s.s.	Su seguro servidor	「敬具」
V.E.	Vuestra Excelencia	「閣下」
v.g(r).	verbigracia	「例えば」
V.M.	Vuestra Majestad	「陛下」
V.S.	Vuestra Señoría	「閣下」

1 友人間のメールと手紙

　旅に出かけた友人から待ちに待った便りが届きました。
「今、マドリードのスペイン広場に来ています」
　広場の中心を占めるドン・キホーテとサンチョ・パンサの写真が添付されたメール。そこに書かれていたのはたったこれだけ。しかし、メールを手にした友には、広場の片隅に置かれたベンチでこの1行を書く友の姿が見える。その上空には抜けるように青い空さえも広がっていく。
　この章では、友人の間で交わされたいろいろなタイプの文例を集めてみました。
　「スペインに旅行することが私の夢です」、「いま、トレドに来ています」、「あのね、私、恋人ができそうなの」、「この夏はどこで過ごしますか？」、「スペイン語で授業を受けています」等々。
　メール、絵はがき、封書とかたちは違っても、便りはあたたかな心を運ぶ器です。友には近況や故郷について、スペイン語で語りかけてみてはどうでしょうか。

1.1 スペインの夢を見ています

Asunto: Sueño con España

Querida amiga María:
Sueño con[1] visitar España en primavera[2].
Pero de momento[3] es sólo una idea.
Si al final voy[4], te aviso con un correo electrónico[5].
Un abrazo,
Aya

春にスペインを訪れる夢を見ています。
でも今は単に考えているところです。
行くことに決めたら、メールでお知らせします。

NOTAS

1 **Sueño**(← soñar)**con**:「…を夢に見る」
   cf. Quiero(← querer)visitar España.(スペインを訪れたい)、En Granada deseo(← desear)visitar La Alhambra.(グラナダではアルハンブラ宮殿をぜひ訪れたい)

2 各例文の利用度を高める着眼のポイントの一つとして、性・数の語形変化が生じない言葉を置き換えることで表現力が広がります。
   en primavera:*cf.* en verano「夏に」、en otoño「秋に」、en invierno「冬に」、pronto「もうすぐ」

3 *cf.* ahora「今」、por ahora「今のところ、さしあたり」

4 **Si al final voy**(← ir):*cf.* Si decido ir「行くことに決めたら」

5 「Eメール(e-mail)」を意味するスペイン語として、**correo electrónico**, **correo** に加えて、英語 e-mail, mail が使われています。

1.2 バルセロナに訪ねていきます

Asunto: Mi visita a Barcelona

Mi querido Pedro:
Te escribo este mail desde Madrid.
¿Cómo estás por Barcelona?
Aquí en Madrid hace calor[1], pero es un calor seco[2].
Ahora estoy escribiéndote desde el Hotel Plaza, del piso 12.
Veo desde aquí la estatua de Cervantes en la Plaza de España.
Voy a visitarte en Barcelona el 10 de agosto[3].
Un beso,
Yui

マドリードからメールします。
バルセロナではいかがですか？
ここマドリードは暑いです、でもからっとした暑さです。
いまプラザホテルの、12階から、あなたに宛ててメールを書いています。
ここから、スペイン広場にあるセルバンテスの銅像が見えます。
8月10日にバルセロナに訪ねて行きます。

NOTAS

1. *cf.* hace (← hacer) buen / mal tiempo「天気がよい / 悪い」、hace frío「寒い」
2. **es un calor seco**：「乾いた暑さです」
   cf. es un calor húmedo / sofocante「湿った暑さです／蒸し暑いです」
3. **el 10 de agosto**：＝ el día 10 de agosto

✉ 1.3 成田で待っています

> Asunto: Esperando en Narita
>
> Mi querido amigo[1]:
> Pronto vienes a Japón, ¿verdad?
> Te esperaré con una gran sonrisa en el Aeropuerto Internacional de Narita[2].
> Se tarda una hora desde el aeropuerto hasta la Estación de Tokio.
> ¿Hay algún lugar que quieres visitar o algunas cosas que quieres ver durante tu estancia en Japón?
> ¡Buen viaje!
> Mami

もうすぐ日本ですね。
成田国際空港で、笑顔で待っています。
飛行場から東京駅まで一時間かかります。
日本滞在中に訪れたい所や見たいものは何ですか？
楽しい旅行を！

NOTAS

1 例文 1.3 は、相手を親しく「あなた」（2 人称単数扱い）と呼びかけていますが、もっと丁寧な表現が必要な場合には相手を「貴方、貴女」（usted ／ 3 人称単数扱い）として、全体を次のように書き換えます：
Estimada Señora:
Pronto (*usted*) viene a Japón, ¿verdad? *Le* esperaré con una gran sonrisa en el Aeropuerto Internacional de Narita. ... ¿Hay algún lugar que (*usted*) *quiere* visitar o algunas cosas que (*usted*) *quiere* ver durante *su* estancia en Japón? ¡Buen viaje! Mami Yamamoto（もうすぐ日本にいらっしゃいますね。成田国際空港で、笑顔でお待ちしています。[…] 貴女が、日本滞在中に訪れになりたい所やご覧になりたいものは何でしょうか？ 楽しいご旅行を！）

2 *cf.* la Estación JR de Kioto（JR 京都駅）

1.4 トレドから

Asunto: Desde Toledo

Querida amiga:
Quise verte el día 25 de junio por[1] el Museo del Prado.
Pero, no fue posible.
Ahora estoy en Toledo.
Y te escribo este correo en un bar[2] de la Plaza Mayor.
La ciudad[3] está llena de[4] historias, y es encantadora.
Volveré a Madrid pasado mañana.
¡Hasta pronto!
Masao

6月25日に、プラド美術館の辺りで会えればと思いました。
でも、そうはいきませんでした。
いまトレドに来ています。
そして、マヨール広場のバルで君にこのメールを書いています。
町は歴史にあふれていて、魅力的です。
明後日、マドリードに戻ります。

NOTAS

1 前置詞 por は空間・時間の広がりを示唆して「…の辺りで、…の近くで」の意:
   ej. Viajo *por* Andalucía.（私はアンダルシア地方を旅行します）; Vuelvo *por* la Navidad.（クリスマスのころには帰ってきます）

2 *cf.* en una cafetería「カフェテリアで」、en un McDonald's「マクドナルドで」

3 **La ciudad**: ここでは、La ciudad de Toledo のこと。Toledo を繰り返してもよいです。

4 **está llena de**: *cf.* Toledo está lleno de monumentos históricos.（トレドは歴史的建造物でいっぱいです）、Kioto está lleno de turistas durante todo el año.（京都は一年中観光客でにぎわっています）

1.5 会えるといいのですが

Asunto: A ver si coincidimos

Querida amiga:
Mil gracias por comunicarme la venida de tu amiga Juana a Japón.
Le escribiré un e-mail para ver si[1] podemos coincidir.
Es que[2] justo ese día vendrá a Tokio el presidente de la compañía.
A propósito[3], tenemos una delegación en España también.
Te mando el link.
Espero que lo veas.
Anna

あなたのお友達のフアナさんが日本にいらっしゃるとの連絡をありがとう。
うまく会えるか調整するために、フアナさんにメールを書きます。
実は、ちょうどその日に、私の会社の社長が東京に来ることになっているのです。
ところで、私の会社はスペインにも代表事務所があります。
会社のリンクを張っておきます。
見てくださるとうれしいです。

NOTAS

1 **para ver si**：「…かどうか知るために」
   ej. Voy a visitarte, *para ver si* ya estás recuperado.（もう元気になったかどうか知りたくて君に会いに行きます）

2 **Es que**：「…というのは」。*ej. Es que* no tenía tiempo.（実は時間が無かったのです）

3 **A propósito**：「それはそうと」
   ej. A propósito, ¿cómo está tu coche ahora?（それはそうと、いま君の車の調子はどうですか？）

1.6 日本語、上達しましたね

Asunto: Aprecio tu japonés

Querido amigo:
Me alegro de que[1] estés avanzando en tus estudios de japonés.
Veo que[2] ya sabes mucho sobre la lengua japonesa.
En tu mail, sólo considero conveniente corregir dos faltas.
Recuerdo con cariño[3] cuando nos enseñábamos nuestra lengua.
No dudes en[4] mandarme algún correo cuando tengas algunas preguntas.
Un abrazo,
Kouta

日本語の勉強が進んでいるようでうれしく思います。
日本語の知識がとても豊かになりましたね。
君のメールには修正したほうがよいところは2か所だけでした。
互いに母国語を教えあっていた頃がなつかしいですね。
わからないことがあれば、遠慮しないでメールを送ってください。

NOTAS

1 **Me alegro** (← alegrarse) **de que** ＋接続法：「…ことをうれしく思う」
 cf. Me alegro de tener tus noticias.（君からのお便り、うれしいです）

2 **Veo que** ... :「…と見ました、拝見しました」
 ej. Veo que estás contento/ta con tu nuevo piso.（新しいマンションに満足そうですね）

3 **Recuerdo** (← recordar) **con cariño** ... :「…のことを大切に思い出している」
 ej. Siempre recuerdo con mucho cariño mis días en Barcelona.（バルセロナで過ごした日々をいつもとても大切に思い出します）

4 **No dudes en**：「ためらわずに…してください」
 ej. Si tienes alguna duda, no dudes en preguntarme lo que sea.（わからないことがあれば、何なりと私に質問してください）

1.7 旅先から（絵はがき）

¡Hola!

Amiga, hoy te escribo desde México donde estoy de viaje. Todo va muy bien y me acuerdo de vosotros. Te mando recuerdos para[1] tus hijas. Saludos también para tu marido de mi parte.[1]

Recibe un muy fuerte abrazo,

Ramón

旅行中のメキシコからお便りします。すべては順調です。皆さんのことを思い出しています。お嬢さんたちによろしく。ご主人にもよろしくお伝えください。

NOTAS

1 **Te mando recuerdos para ... / Saludos para ... de mi parte**：「私の方からも…よろしく（と伝えてください）」。para の代わりに a も使えます。Recuerdos a ＋人 / Mis recuerdos a ＋人 / Le doy recuerdos a ＋人とも言います。

1.8 サンタ・バーバラから（絵はがき）

Hola, amigo:

¿Que tal? Recibe afectuosos saludos desde Santa Bárbara donde ahora me encuentro descansando y preparando los últimos detalles de mi ponencia.

Santa Bárbara es un lugar muy bonito que me recuerda mucho a España y México. La playa está a 5 minutos caminando. Esta semana se llevará a cabo la celebración más importante de S. B. Se llama "la Fiesta" y consiste en[1] una serie de desfiles, bailes, etc. para celebrar la herencia española y mexicana que tiene este lugar. Ya te contaré más adelante qué tal me va.

> Un fuerte abrazo,
>
> Abel

　元気ですか？　サンタ・バーバラから心をこめて挨拶を送ります。私は休息をとったり、研究発表の最終的な準備をしたりしています。
　サンタ・バーバラはとても美しい所で、私にスペインやメキシコを思い出させます。浜辺は歩いて5分の所です。今週、サンタ・バーバラで最も重要な行事が行われます。「ラ・フィエスタ」と呼ばれ、パレードや踊りがあり、当地に残るスペインとメキシコの伝統が祝われます。どんな印象だったか、またお話しします。

NOTAS

1 **consiste** (← consistir) **en**：「…に存する、…からなる」
　ej. La fiesta *consiste en* tres partes.（祭は3部構成です）

1.9 臨床心理士として働いています（絵はがき）

> Querida Sayuri:
>
> 　¿Cómo estás?　Yo estoy muy bien.　Sigo trabajando en el colegio como psicóloga.　Cada día me gusta más.　Estoy empezando a conocer a más chicos y chicas, entonces me siento más feliz estando allí todo el día.
>
> 　Tú, ¿qué estás haciendo ahora?
>
> 　Besos,
>
> Paloma

　お元気ですか？　私はとっても元気です。臨床心理士として学校で仕事を続けています。日増しに（この仕事が）好きになります。多くの少年や少女たちを知り、一日中そこにいることをますます楽しく思います。あなたはいま何をしていますか？

1.10 ロンドンでの生活（絵はがき）

Querido amigo:

Como ves, soy lento para contestar[1] las cartas. Ya antes de venir a Inglaterra recibí una postal que enviaste de San Sebastián …

Nosotros estuvimos unos días en Londres procurando ver lo más que pudimos[2]. Fue muy interesante el Museo de Cera.

Hoy empiezo las clases de inglés que son gratuitas y además en grupos muy reducidos, de dos o tres. Mañana después del trabajo iré de excursión.

Mi hermana Juana trabaja en una cafetería con sala de fiestas y yo en un comedor poniendo el té, el café y la leche.

Tenemos todo tipo de diversiones en el campo: playas, piscinas, una interior y otra exterior, monorail, juegos, cafeterías, etc.

La carta parece un telegrama, pues son todas frases cortadas, ya que hay poco sitio. En la postal te señalo con una flecha dónde trabajo.

Jesús

ごらんのとおりぼくは返事を書くのが遅くってね。すでにイギリスに来る前に君がサン・セバスティアンから送ってくれた絵はがきを受け取っていたのに……。

ぼくたちは数日間ロンドンにいて、できるだけ見て回りました。ろう人形博物館はとてもおもしろかったです。

今日から英語の授業が始まります。授業は無料の上、2、3人の少人数グループです。明日は仕事の後、遠足に行きます。

姉のフアナはディスコ付きのカフェテリアで働いていますし、ぼくは食堂で紅茶、コーヒー、そして牛乳を運んでいます。

キャンプには、浜辺、プール（1つは屋内、もう1つは屋外）、モノレール、ゲーム、カフェテリアといったあらゆる種類の娯楽施設があります。

スペースが少ないからこま切れの文章ばかりで、この手紙は電報みたいですね。絵はがきにはどこでぼくが働いているか矢印で君のために記しておきます。

NOTAS

1　**soy lento para contestar**：ser lento para ＋不定詞「…するのが遅い」
　　cf. ser rápido en ＋不定詞「…するのが早い」。
　　ej. Quiero que *sea rápido en contestarme*.（早くお返事をいただきたい）

2　**lo más que pudimos**：lo más que poder「できるかぎり」。同類の構文として、lo más ＋形容詞・副詞＋ posible：
　　ej. Estos camiones deben ser *lo más* fuertes *posible*.（これらのトラックはできるだけ頑丈でなければならない）

1.11 元気でやっていますか

Querido amigo:

　Hace mucho tiempo que[1] te debo[2] carta. No pienses nunca que te hemos olvidado, pues ya sabes que te apreciamos de verdad, y siempre te recordamos.

　Lo que pasa es que siempre vas[3] dejando las cosas para otro día y con tanto trabajo en casa nunca encuentras la ocasión de escribirte.

　Ahora tenemos a dos chicos suizos, también son muy buenas personas, pero mi madre te recuerda mucho a ti.

　¿Qué tal va tu trabajo? Escríbenos algunas letras contándonoslo.

　Si piensas ir de vacaciones a tu país, esperamos que pases por casa para verte en Madrid.

　Un abrazo,

　　　　　　　　　　　　　　　　　　　　　　　　　Paquita

P. D. Si necesitas algo, no dudes en[4] pedirlo.

　久しくお便りしていませんが、あなたのことを忘れてしまったとは思わないでください。ご存じのとおり、本当にすばらしい人としてこちらではあなたのことをいつも思い出しています。実のところ、またの日にすればいいと思ったり、また家事に紛れてしまったりして、あなたにお便りをする機会を逸しています。

　今は、スイスからの学生が2人ホームステイしています。彼らもまたとても良い

人たちですが、私の母はあなたのことをとても懐かしがっています。
　勉強の方はいかがですか？　私たちに手紙でいろいろと話してください。
　休暇中に国に帰るようなことがあれば、その前にマドリードに寄っていってください。
　追伸　もしも必要なもの（または、こと）があったら、遠慮せずに言ってください。

NOTAS

1　**Hace mucho tiempo que** ...：「…でかなりの時が経ちます」。hace ... que＋直説法で、「…してから（時間が）…になる」。
　ej. ¿Cuánto *tiempo hace que* vives en Barcelona?（バルセロナにどれくらい住んでいますか）

2　**debo**：deber a＋人「…に借りがある」。すなわち、ここでは deber a＋人＋carta で「…にまだ返事を出していない」の意。

3　**vas**：2人称による無人称的な表現。ここでは意味的には1人称で＝voy。その後の encuentras も同様に＝encuentro。

4　**no dudes en**：2人称単数に対する否定命令。dudar en＋不定詞「…するのをためらう」。
　ej. Dudo un poco *en* salir por si llueve.（雨が降るかもしれないので、私は出かけるのを少しためらっている）

1.12 私のことを覚えていますか

Querido Vicente:

　Espero que mi nombre al final de esta carta no te resulte extraño. De todas maneras te daré unas cuantas[1] pistas. ¿Recuerdas a aquel muchacho que te invitó a un refresco en una cafetería cercana de la Estación JR de Nagoya? ¿Sí? Bien: ¡ése soy yo!, y aquí está mi carta.

　Espero que tu japonés escrito sea tan bueno como el hablado y que no seas tan dejado[2] como yo para escribir, es decir, que contestes pronto.

　Pienso que lo pasamos muy bien juntos y que aquel recuerdo merece una larga amistad.

　Escríbeme[3] pronto. Saludos,

　　　　　　　　　　　　　　　　　　　　　　　　　　Michio

この手紙の終わりにあるぼくの名前を知らないなんてことがありませんように。いずれにしてもヒントをいくつか出しますね。JR名古屋駅の近くのカフェテリアで君に冷たい飲み物を勧めた青年を覚えていますか？ 覚えていますよね？ そう、ぼくがその人で、これがぼくからのお便りってわけです。

君の書く日本語も話す日本語と同じくらい上手でありますように。そして手紙を書くことにおいてぼくほど筆無精でありませんように。つまり、すぐにお返事くださいね。あの時はとても楽しかったですね。長いおつきあいに発展するに値すると思います。すぐにお便りをください。

NOTAS

1 **unas cuantas**：unos cuantos ...「いくつかの…」
   ej. No he leído más que *unos cuantos* libros del novelista. （私はその小説家の本は数冊読んだだけです）
2 **dejado**：「無精な、怠慢な」
3 **Escríbeme**：escribir ＋ me. tú に対する命令形。アクセントの位置に注意。

1.13 夏をどのように過ごしましたか

Querido amigo:

　Te escribo ahora, después de enterarme[1] de tu dirección por medio de[2] Andrés Domínguez, para tener noticias tuyas.　Hace mucho que no sé nada de ti. ¿Qué tal vas estudiando[3] el arte? Yo sigo estudiando Historia de España aquí.

　¿Qué has hecho durante todo el verano? ¿Has ido de excursión a algún sitio fuera de Valladolid? Yo he estado casi todo el verano en Galicia, en Santiago de Compostela, en el curso de verano para estudiantes. ¿Qué tal hablas ahora el español? Supongo que mucho mejor que antes; lo hablarás muy bien, ¿verdad?

　Bueno, amigo, escríbeme tú pronto contándome cosas de por allí, de Valladolid, que tengo ganas de recibir noticias tuyas.

Paco

アンドレス・ドミンゲス君から君の住所を教えてもらい、近況を知りたくなったので、今、手紙を書いています。君からの音信が途絶えてずいぶんになります。美術の勉強はどうですか？　ぼくは、ここでスペイン史の勉強を続けています。

夏の間何をしましたか？　バリャドリードからどこか他の所に出かけましたか？ぼくは、ほとんど夏の間中、ガリシア地方のサンティアゴ・デ・コンポステーラに滞在していて、学生のための夏期講座に出ていました。スペイン語の調子はどうですか？　以前よりずっと上達して、とても上手に話すことでしょう。

バリャドリードでのことなどを書いてすぐに返事をください。君からの便りを心待ちにしています。

NOTAS

1. **enterarme**：enterarse de ...「（情報などで）…を知る」
   ej. Me enteré de la boda por los periódicos.（私は新聞で結婚式のことを知った）
2. **por medio de**：「…を介して、通じて」
3. **vas estudiando**：ir ＋現在分詞は継続「…していく」を表します。次の文の sigo（← seguir）＋現在分詞も同じです。

1.14 恋の予感

Querida Reiko:

¿Qué tal? A mí por aquí me va bien. Como cotilleo[1] te diré que hay un chico que me gusta y que parece que yo también le gusto. Quizás en mi próxima carta te cuente que salimos juntos[2], ¿quién sabe? Aparte de eso, por aquí todo sigue igual, todos te echamos mucho de menos[3].

Un beso,

Inés

今、どうしてますか？　私はここでとても元気にしています。私が好きで、向こうも私のことを気に入っているらしい人がいるって、そっと伝えておきます。たぶん次のお便りでは、お付き合いしてます、なんて書くかも知れません。どうなるでしょうか？　それはそうと、ここは以前と変わりはありません。皆があなたがいないのを

とてもさびしく思っています。

NOTAS

1 **Como cotilleo**：「うわさ話として」
2 **salimos juntos**：salir juntos はここでは「(男女が) 交際する」の意。
 cf. Juan *sale con* una malagueña.（フアンはマラガ生まれの女性と交際している）
3 **te echamos mucho de menos**：echar de menos a ＋人「…がいなくてさびしい」

1.15 スペイン語で手紙を書きます

Hola, querida amiga Pepa:

¿Qué tal os encontráis? En tu carta, me decías que estabas acatarrada. Espero que te encuentres mejor. A propósito, muchas gracias por vuestras cartas. Y espero que me perdonéis por contestar tan tarde, pero no sabía si escribirla en japonés o en español. Al final he decidido contestar en el idioma de Cervantes[1], aunque no sé si puedo expresar bien mis ideas[2]. La carta tuya me animó a[3] redactarla en este idioma.

Os quiero agradecer que me brindéis vuestra amistad.[4]

Muchos recuerdos a vuestros padres que nos atendieron muy bien a mi hermanito y a mí.

Sanae

みなさん、お元気ですか？　お便りでは、あなたは風邪を引いたとのことでしたね。もう良くなっているといいのですが。ところで、お便りどうもありがとう。こんなにも返事が遅れてしまってごめんなさい。実は、日本語かスペイン語かどちらでお返事したらよいのか迷っていました。最終的にはスペイン語でお返事することにしました。上手に自分の考えを表現できるかどうか……。あなたの手紙が私にスペイン語で書くようにと元気づけてくれました。

仲良くしてくださってありがとう。

私と弟を歓待してくださったご両親にくれぐれもよろしく。

NOTAS

1. **el idioma de Cervantes**：= el español　スペイン語では同じ言葉の繰返しを避け、他の表現で言い換える傾向があります。ここでは「セルバンテスの言葉」で言い換えています。

2. **expresar bien mis ideas**：expresar sus ideas「自分の考えを表現する」= expresarse
   cf. No sé si *me he expresado* bien.（私は自分の考えをうまく表現できたでしょうか）

3. **La carta tuya me animó a**：animar a ＋不定詞「…する気にさせる」
   ej. Sus amables palabras me *animaron* a seguir estudiando.（彼の親切な言葉が私に勉強を続けるように力づけてくれた）

4. **brindéis**（← brindar）**vuestra amistad**：brindar「…を提供する、供する」= ofrecer

1.16 仕事の様子

Querido Damián:

　Pocos saludos nos cruzamos[1] estos años. ¿Cómo está eso de[2] ser subdirector de la compañía japonesa? Aquí no está muy bien el negocio en los últimos tiempos. En fin, sigo luchando en Osaka, pero, a decir la verdad, con ganas de[3] irme de aquí a una sucursal.

　Un abrazo,

　　　　　　　　　　　　　　　　　　　　　　　　　　　Kato

近年は手紙をやりとりすることがめっきり少なくなりましたね。どうですか、日本企業の副社長としての仕事は？　こちらでは最近、仕事はもう一つってところです。まあ、私は大阪でがんばっていきます。本音を言えば、ここからどこかの支店に変わりたいのですが。

NOTAS

1. **nos cruzamos**（← cruzarse）：相互再帰用法、ここでは「手紙を交わす」の意。
2. **eso de**：eso は de 以下の事柄を示します。
3. **con ganas de**：「…したくて」。*cf.* tener ganas de ＋不定詞「…したい」

1.17 国際結婚

Mi querida amiga japonesa:

Como te prometí, voy a contarte en la presente[1] cómo ha sido y es mi vida en Alemania.

Ya llevo más de un año y medio[2] aquí en Munich, y me voy acostumbrando poco a poco, aunque al principio me fue muy difícil. No conocía a nadie, sólo a mi marido. No podía hacer amistades ni hablar con la gente por no saber el alemán. Tenía muchas depresiones y me sentía muy sola.

Pero a pesar de todo, tenía y tengo a mi marido que me quiere mucho, y me ha ayudado a adaptarme mejor. Al principio teníamos discusiones, yo tenía miedo[3] de que la diferencia de nacionalidad no nos hiciera felices, pero no ha sido así. Tanto él como yo ponemos todo de nuestra parte para entendernos mejor. Soy muy feliz, siento que yo misma he cambiado, me encuentro más madura, desde que estoy con él.

Ahora te toca el turno. Si tú no tienes dificultad con mi idioma, me gustaría[4] recibir unas líneas tuyas, diciéndome cómo te encuentras.

Recibe un fuerte abrazo de tu siempre amiga que te quiere y no te olvida.

Mary Carmen

約束通りこの手紙では私のドイツでの生活がどのようなものだったか、そして今はどのようなのかについてお話しします。

ここミュンヘンに暮らしてはや1年半余り、初めは本当に大変だったのですが、少しずつ慣れていきつつあります。知ってる人といえばそれこそ夫だけ。私はドイツ語を知らなかったので、友だちもできず、人と話すこともできませんでした。ひどく気が滅入って、とても孤独な思いをしました。

でも何はともあれ、心から愛してくれる夫がいて、私がよりよく順応していけるように助けてくれました。初めは口論ばかりで、国籍の違いから私たちは幸せにな

れないのではと不安でした。ところがそうではなかったのです。お互いによく理解し合えるようにと彼も私も一生懸命でした。今、とても幸せです。彼と一緒になってから私自身変わったように感じますし、もっと内面的に成長したように思うのです。

　今度はあなたの番です。スペイン語で問題がないようでしたら、どんな風に暮らしているかお便りをくださるとうれしいのですが。

NOTAS

1　**la presente**：＝ la presente carta「この手紙、本状」。手紙文ではこの省略形が一般に使われます。*cf.* la última「先回の手紙」、la próxima「次回の手紙」

2　**llevo más de un año y medio**：llevar ＋時間「…（時間）を経過する」
cf. ¿Cuánto tiempo *llevas* en México?（メキシコに暮らしてどのくらいになりますか？）
¿Cuánto tiempo *lleva* usted estudiando el español?（あなたはどのくらいの期間スペイン語を勉強していますか？）

3　**tenía miedo**：tener miedo de que ＋接続法「…ではないかと恐れる」

4　**me gustaría** ...：婉曲表現に用いられる過去未来形。*ej. Desearía* hablar de las novelas latinoamericanas.（ラテンアメリカの小説について話したいと思います）

1.18 スペインはいかがですか

Buenas[1], Elena:

　¿Qué tal por tu tierra? Yo estoy muy bien, y tengo muchísimas ganas de verte, te echo mucho de menos. Primero me tengo que disculpar por no haberte escrito antes. Te prometo que de ahora en adelante no volveré a tardar.

　Esta carta no te la escribo con Miho, aunque se lo he dicho muchas veces, pero nunca quedamos para escribirte. Así que si quiere ella, ya te escribirá. Para que te hagas una idea de[2] cómo van las cosas por aquí, te enumeraré de una en una a la gente, y como soy muy modesta, empezaré por mí ...

　Ahora estamos en las vacaciones de primavera y yo todavía tengo dos días de vacaciones y esta misma tarde acabo de venir de Kioto.

Te adjunto mis fotos recientes.
Ten cuidado.

Megumi Nakamura

故郷はいかがですか？　私はとても元気です。それにしても会いたいですね。あなたがいなくてとてもさびしいのです。まず、もっと早くに手紙を書かなかったことで謝らなくてはなりません。これからは遅れないって約束します。

この手紙は美穂と一緒に書いていません。彼女にそうしようって何回も言ったのに、ついに一緒に書くことにならなかったのです。彼女がお便りしたければ、そのうちに書くでしょう。こちらで起きていることが想像できるように、一人一人について書いていきます。私はとても控え目ですから、まず自分のことから始めます……。

今は春休みで、私は休暇があと2日残っています。今日の午後、京都から帰ったところです。

最近の写真を同封して送ります。お元気で。

NOTAS

1 **Buenas**：「やあ、こんにちは」 = Buenas (tardes)
2 **te hagas una idea de**：hacerse una idea de ...「…について想像する」
   ej. Leyendo la prensa que lee, no me extraña que *se haya hecho una idea* equivocada *del* asunto.（彼が読んでいる新聞を読んでみて、私は彼がその事件について誤った考えをもったのも当然だと思います）

1.19 バルセロナで勉強しています

Amiga Hiroko:

　Yo, aquí en Barcelona estoy muy bien. Hace ya un mes que empezaron las clases de la Universidad. Este será mi último curso de Empresariales (tercer curso), pues si apruebo todo este año ya habré terminado la carrera y espero que así sea. Todavía no sé en qué me

gustaría trabajar cuando termine, pero todavía falta tiempo.
　　Besos,

Estrella

私はここバルセロナでいたって元気です。大学の授業は1か月前に始まりました。これが経営コースの最後の学年（第3学年）です。もし今年すべてに合格すれば、卒業できます。そうなってほしいと願っています。卒業した時どこで働きたいかまだわかりませんが、まだ時間があります。

1.20 論文ははかどっていますか

¡Hola, Concha!:

　¿Qué tal estás? Espero que todo vaya bien por Málaga. Yo me acuerdo mucho de mi estancia en España. Espero que algún día puedas venir a Japón, ya veo que tienes muchas ganas de hacerlo.

　¿Cómo va[1] tu tesina[2]? ¿De qué tema tratas en ella? Mi trabajo va más o menos bien. La verdad es que va bien, pero a mí me gusta mucho protestar. Tengo bastante trabajo para así poder acabar mi tesis doctoral cuanto antes. En cuanto a[3] las clases que tengo que dar son un rollo tremendo, pero no puedo escaparme de ellas.

　¿Cómo continúa la vida en Málaga? ¿Todo tan tranquilo como siempre? ¿Ves alguna vez a la gente de mi querido barrio? Cuando la veas, dale muchos recuerdos de mi parte.

　Un abrazo,

Yasuo

お元気ですか？　マラガではすべてが順調にいっていることと思います。私はスペインにいた時のことをよく思い出します。あなたがいつの日か日本に来ることができることを楽しみにしています。私は、以前からあなたがそうしたいと思ってい

ることを知っています。

　修士論文の進み具合はいかがですか？　論文ではどんなテーマを扱っていますか？　私の仕事はおおむね順調です。実際のところ、たいへんうまくいっているのですが、私はとにかく現状には満足できない性質なのです。できるだけ早く博士論文を終えるためにかなりの勉強が必要です。私がしなければならない授業に関して言えば、もうちょっと疲れ気味なのですが、それから逃れることはできません。

　マラガでの生活はどうですか？　あいかわらず静かですか？　私の愛する街の人たちに会うことがありますか？　その節は、どうぞよろしく伝えてください。

NOTAS

1　¿Cómo va tu tesina? ＝ ¿Cómo te va con la tesina?
2　**tesina**：学部や修士課程の「卒業論文」を **tesina** または **memoria** と言います。「博士論文」は tesis doctoral。
3　**En cuanto a** ... : ＝ respecto a ... 「…に関して」

1.21　成績はどうでしたか

Querido Saburo:

　He tardado bastante en escribirte porque me imagino que[1] habrás estado fuera de Granada hasta hace poco tiempo. Me dijiste que ibas a ir a León o alguna otra ciudad hasta el día 15 de este mes de julio; supongo que ya habrás regresado de tu gira turística. ¿Qué tal lo has pasado durante las vacaciones?

　Yo estoy muy bien aquí en Santiago de Compostela, que está casi junto al mar. He hecho muchas excursiones por la costa gallega, que tiene unos paisajes preciosos. La ciudad es muy bonita, tiene la catedral románica, con el Pórtico de la Gloria, que estudiamos en arte este año.

　Y a propósito, ¿has tenido buenas notas? A mí me dieron tres matrículas de honor[2] y tres sobresalientes, así que me quedé muy contento del curso. Ahora, durante las vacaciones, estoy leyendo y estudiando algo de arte. Supongo que estarás estudiando mucho griego, ¿no?

A ver si[3] me escribes pronto contándome cosas de Granada, qué haces, adónde vas, lo que se te ocurra[4]. Por aquí llueve mucho, excepto estos últimos días que ha hecho muy buen tiempo con sol espléndido.

Nada más por hoy.

Un abrazo,

Mario

　しばらくぶりでお便りします。というのは少し前まで君がグラナダを出ていたと思っていたからです。君は、今月7月15日までレオンかどこか別の町に出かけるつもりだと言ってましたね。もう旅から戻ったことと思います。休暇はどうでしたか？

　ぼくはここ、海のすぐそばにあるサンティアゴ・デ・コンポステーラで楽しくやっています。すばらしい景色に恵まれたガリシア地方の海岸に何度も旅しました。サンティアゴの町はとても美しく、ぼくたちが今年美術で学んだ「栄光の門」をいだくロマネスク様式の大聖堂があります。

　ところで、よい成績をもらいましたか？　ぼくは特優が3つと優が3つでしたから、今学年には大変満足しています。目下、休みの間、ぼくは美術書を読んだり、勉強したりしています。君はギリシャ語の勉強に余念がないことでしょうね。

　グラナダのこととか、何をしているとか、どこへ行くとか、思いつくことを書いて、早く手紙をください。当地ではこの数日の晴天を除いては、よく雨が降ります。

　今日はここまでにします。

NOTAS

1. **me imagino que**：imaginarse「…を想像する→思う」
   ej. No *te* lo puedes *imaginar*.（君にそれは想像もできないよ）
2. **matrícula de honor**：「優」の成績を取った学生の中で、ある一定の割合でこの成績が与えられます。「優」は sobresaliente、「良」は notable、「可」は bien、「落第」は suspenso。「追試を受ける科目」は asignatura pendiente と言います。
3. **A ver si ...**：「…かどうか」。*ej. A ver si* puedes terminar la tarea hoy mismo.（今日

にも君がその仕事を終えられるといいのですが）

4 **lo que se te ocurra**：se ocurra は ocurrirse の接続法現在。「思いつくことなど」

1.22 手紙が書けませんでした

Querida amiga:

　Hoy he recibido tu carta y me ha hecho mucha ilusión. Si no te he escrito antes es porque no he podido. En el mes de julio mi padre se puso enfermo, estuvo muy grave, casi muriéndose, y en el hospital estuvimos todo el verano. En septiembre fuimos a Pamplona, (ya sabes donde se celebran los Sanfermines[1]) allí hay una clínica muy buena y estuvimos todo el mes con mi padre. Ahora se encuentra bastante mejor, pero ha perdido totalmente la memoria y a veces ni siquiera[2] me reconoce. La verdad es que está muy delicado, tenemos que estar a todas horas con él, ni un momento puede estar solo. Como verás, mi verano ha sido horrible. Lo he pasado muy mal.

　Muchos besos,

　　　　　　　　　　　　　　　　　　　　　　　　　　Eulalia

今日あなたの手紙を受け取りました。とてもうれしかったです。以前にお手紙しなかったのは、できなかったからなのです。7月に父が病に倒れ、重病で、ほとんど死にそうでした。そして夏中、私たちは病院にいました。9月にはパンプロナ（あなたも知っているようにサン・フェルミンのお祭りがあるところです）に行きました。そこには非常に良い病院があり、その月中私たちは父に付き添っていました。今はかなり容態はいいのですが、すっかり記憶を失ってしまって、ときどき私のことすら分からなくなります。ずいぶん衰弱していて、私たちが四六時中そばにいなければならず、一時として一人でいることができません。おわかりのように、私の夏は大変でした。楽しくなかったです。

NOTAS

1 **los Sanfermines**：バレンシアの Las Fallas（火祭り）、セビリアの la Feria de Abril（春

祭り）と並んで、スペインの三大祭りの一つとして有名。

2 **ni siquiera**：強い打ち消しの表現「…さえ…ない」
   ej. No consiguió cuatro puntos *ni siquiera*.（彼は4点[少しの点、の意]すら取れなかった）

1.23 落ち込んでいました

Hola, Charo:

　Espero que no te hayas olvidado de tus amigas sólo porque no te escribimos. Pues aquí estoy yo saludándote con mucho gusto desde Cádiz. Ojalá[1] algún día podamos estar aquí todas como lo planeamos en alguna ocasión. ¿Cómo va todo? Espero que bien. Yo estoy bien aunque ya terminé con[2] Masao y he estado bastante deprimida[3], pero la vida sigue y hay que levantarse. ¿No crees?

　Saludos a tu mamá.

　Te quiere y recuerda siempre,

　　　　　　　　　　　　　　　　　　　　　　　　　　　Akiko

お手紙しないからといってあなたの友だちを忘れていませんように。私は今、カディスから心をこめて挨拶を送ります。いつだったか計画したように皆でここに集うことができますように。元気ですか？　うまくいっていることと思います。私は、雅夫さんと別れ、かなり落ち込んでいたのですが、今は元気にしています。人生は続き、人は立ち上がらなくてはなりません。そう思いませんか？

　あなたのお母さんによろしく！

　あなたのことが大好きでいつも思い出している明子より

NOTAS

1 **Ojalá**：Ojalá ＋接続法「…であってほしい」

2 **terminé con**：terminar con ＋人「…と終わる、別れる」＝ acabar con, romper con

3 **he estado bastante deprimida**：estar deprimido「（精神的に）落ち込んでいる」
   ← deprimirse「意気消沈する」。deprimida は主語 Akiko（女性）に性数が一致。

表現集

- [ ] Me gustaría que me escribiera.
  お便りをくださるとうれしいのですが。
- [ ] ¿Tiene usted la bondad de acogerme como amigo suyo por correspondencia?
  私と文通していただけますか？（←文通の友として歓迎していただけますか？）
- [ ] Perdone mi osadía al dirigirme directamente a usted sin conocerle de antemano.
  あなたを前もって存じ上げもせずに直接お便りを差し上げることをお許しください。
- [ ] Espero tener el gusto de recibir su contestación.
  お返事いただけるとうれしいのですが。
- [ ] Espero con ansia recibir su pronta respuesta.
  早速のお返事を首を長くして待っています。
- [ ] Le agradezco infinitamente su pronta respuesta.
  早速のお返事に深くお礼申し上げます。
- [ ] Con este e-mail adjunto mis fotos recientes.
  最近とった私の写真をメールに添付します。
- [ ] Le envío adjuntos en la carta unos sellos japoneses.
  この手紙に日本の切手を同封してお送りします。
- [ ] Me tomo la libertad de presentarme a usted.
  自己紹介させていただきます。
- [ ] Permítame enviarle unos datos de mi persona.
  自己紹介させて（←私のデータを送らせて）いただきます。
- [ ] Me gustaría que me considerara como un amigo suyo.
  私をあなたの友人と思ってくだされればうれしいです。
- [ ] Yo soy gran aficionado al flamenco (a la corrida de toros).
  ぼくはフラメンコ（闘牛）の大ファンです。

2 祝う

　たぶん、誰にとっても一番書きやすい便りの一つが、誕生日、結婚、合格などを祝う「おめでとう」のメッセージではないでしょうか。また、クリスマスや新年を祝うときに丹精こめて手作りしたカードは最高です。手軽に市販のものにメッセージを書き添えるという手もあります。大切なことは、タイミングを逃さず、「心からおめでとう！」と書き送ることではないでしょうか。「例文」だけでなく、「表現集」にも利用度の高い文章をいっぱい集めておきました。

2.1 お誕生日おめでとう

Asunto: ¡Feliz cumpleaños!

Querida amiga:
¡Feliz cumpleaños![1]
Te deseo muchas felicidades en este día muy especial.
¿Cómo se celebra el cumpleaños en tu país?[2]
Un abrazo,
Maho

お誕生日おめでとう！
今日という特別な日に、あなたの幸せをお祈りしています。
あなたの国ではどのように誕生日をお祝いしますか？

NOTAS

1 誕生日・クリスマス・新年などに対しての「おめでとう！」は ¡Felicidades!、ことがうまく行った場合に対しての「おめでとう！」は ¡Enhorabuena!、と使い分けます。
   ej. ¡Felicidades por el nacimiento de vuestro hijo!（お子さんのお誕生おめでとう！）、¡Enhorabuena por el éxito en el examen de ingreso / el ascenso!（入学試験合格／昇進おめでとう！）

2 *cf.* ¿Cómo celebráis el cumpleaños en vuestra familia?（あなたの家ではどんなふうにお誕生日をお祝いしますか？）

2.2 クリスマスおめでとう

> Asunto: Felicitaciones por Navidad
>
> Querida familia:
> ¡Felices Navidades y próspero Año Nuevo!
> Os agradezco mucho por haberme acogido[1] en vuestra casa hace tres años.
> Para mí, es un recuerdo inolvidable.
> Este fin de año[2] estoy en Kagoshima con mis padres y hermanos.
> Deseo que[3] el año próximo sea un año lleno de paz y felicidad para mi familia española.
> Saludos afectuosos,
> Miku

クリスマスおめでとう、そして新年のご多幸をお祈りしています！
3年前には、ホームステイをさせていただきとても感謝しています。
私にとって忘れがたい思い出です。
私は、この年末、両親や兄弟と鹿児島で過ごしています。
来る年が、私のスペインの家族にとって、平和で幸せに満ちた一年でありますように。

NOTAS

1 **haberme acogido**（← acoger）:「私を迎え入れてくれた」。ホームステイの意で使われます。

2 *cf.* este fin de semana / mes「今週末／今月末」

3 **Deseo**（← desear）**que** ＋接続法:「…でありますように」
　ej. Te *deseo que* disfrutes de un buen fin de semana.（よい週末をお過ごしください）

2.3 赤ちゃんの誕生おめでとう

Asunto: Felicidades por el bebé

Queridos Paco y Rosa:
¡Mi[1] felicitación por el nacimiento de vuestro hijo!
Estaréis muy felices de ser padres del recién nacido[2].
Mandadme fotos del bebé.
Espero con ilusión[3] recibirlas[4].
Iré a conocerlo[5] cuanto antes.
Fumi

お子さんのお誕生、おめでとう！
赤ちゃんの親になってとても幸せなことでしょう。
赤ちゃんの写真を送ってください。
写真を受け取ることを楽しみにしています。
できるだけ早く赤ちゃんに会いに行きますよ。

NOTAS

1 この例文の書き手は「私」ですが、「私たち」（1人称複数）が書き手のときは、次のように書きます：
¡*Nuestra* felicitación por el nacimiento de vuestro hijo! Estaréis muy felices de ser padres del recién nacido. *Mandadnos* fotos del bebé. *Esperamos* con ilusión recibirlas. *Iremos* a conocerlo cuanto antes. Fumi y Taro

2 **el recién nacido**：上の行の vuestro hijo を言い換えています。スペイン語では同じ言葉の繰返しを避ける傾向が強くあります。

3 **con ilusión**：「とても楽しみに」
ej. Espero *con ilusión* verte en la Plaza Mayor.（マヨール広場で会えることをとても楽しみにしています）

4 **recibirlas**：las ＝ las fotos

5 **conocerlo**：lo ＝ el bebé

2.4 卒業おめでとう

Asunto: Felicitaciones por graduación

Querido amigo:
¡Te felicito[1] por haberte graduado!
Te envío este correo de felicitación.
Aprecio[2] tus esfuerzos de estos cuatro años.
Me siento muy orgulloso[3] de ti.
Espero que[4] sigas trabajando[5] como hasta ahora.
N. Kinoshita

卒業おめでとう！
お祝いのメールを送ります。
この4年間がんばりましたね。
あなたのことをとても誇りに思います。
これからもいままで通りがんばってくださいますように。

NOTAS

1 この例文の書き手は「私」ですが、「私たち」(1人称複数)が書き手のときは、次のように書きます：
   ¡Te *felicitamos* por haberte graduado! Te *enviamos* este correo de felicitación. *Apreciamos* tus esfuerzos de estos cuatro años. *Nos sentimos* orgullosos de ti. *Esperamos* que sigas trabajando como hasta ahora. Fujimoto, Sakurai, Kinoshita

2 **Aprecio** (← apreciar)：「高く評価する」
   ej. En Japón le *apreciamos* mucho.（日本ではあなたは高い評価を受けています）

3 書き手が女性のときは orgullosa となります。

4 **Espero** (← esperar) **que** ＋**接続法**：「…することを期待する、願っている」

5 trabajando (← trabajar) には、「働く、仕事をする、勉強する」など広い意味があります。

2.5 昇進おめでとう

Asunto: Enhorabuena por nombramiento

Estimado amigo:
¡Gracias por el correo con una grata noticia!
¡Enhorabuena por[1] tu nombramiento!
Espero que te vaya bien[2] en tu nueva tarea.
Cuida[3] mucho tu salud.
Recuerdos a tu familia.
Marie

うれしいお便りのメールをありがとう！
昇進おめでとう！
新しいお仕事がうまくいきますように。
健康に気を配ってください。
ご家族の皆さんによろしく。

NOTAS

1 **¡Enhorabuena por** ... **!**：ej. ¡*Enhorabuena por* tu éxito en el concurso!（コンクールでのご成功おめでとう！）

2 **Espero**（← esperar）**que vaya**（← ir）**bien a** ＋人：動詞 vaya の主語は物事や出来事を暗に指し、単数扱い。
cf. ¿Cómo te *va*（a ti）？ —Me *va* muy bien.「いかがですか？」「とても元気です」

3 **Cuida**（← cuidar）...：「…に気を配る」＝ Cuídate bien.（健康に気をつけて！）
3人称による丁寧な表現では次のようになります。Cuide mucho *su* salud.（健康にご留意ください）

2.6 クリスマスカード (1)

Queridos amigos:
    Os deseamos unas Navidades alegres y dichosas, y un Año Nuevo[1] próspero y venturoso.

Michiyo y Toshihiko

楽しく幸せなクリスマスとよき新年をお祈りします。

NOTAS

1 **Año Nuevo**：「新年」。頭文字は大文字で書かれます。

2.7 クリスマスカード (2)

Querida amiga:
    Te deseo mucha suerte, salud y felicidad para ti y los tuyos[1].
    Cordialmente,

Sara

幸運、健康そして幸福を、あなたとご家族の皆さまにお祈りいたします。

NOTAS

1 **los tuyos**：「君の家族」。3人称の場合は los suyos となります。

2.8 年始の挨拶（1）

¡Le deseo un Feliz Año Nuevo!

明けましておめでとうございます。

2.9 年始の挨拶（2）

Le deseo que tenga un Año Nuevo próspero y venturoso 20XX.

20XX 年があなたにとってご繁栄とご多幸の一年でありますように。

2.10 クリスマスと新年を祝う（1）

Querido amigo:

　He recibido tu felicitación de Navidad. Me dio mucha alegría[1] de que te acuerdes de mí. La postal es preciosa. ¡Gracias!

　Yo te deseo también mucha felicidad en esta fiesta y muchos éxitos en tus estudios en el Año 20XX.

Teresa

クリスマスカードを受け取りました。私のことを思い出してくださっているとのこと、本当にうれしく思いました。美しい絵はがきですね。ありがとう！
　私からもあなたのこの祝日における幸せと、そして 20XX 年に勉学においても大きな成功がありますようにお祈りいたします。

NOTAS

1　**Me dio mucha alegría**：dar a ＋人＋ alegría de que ＋接続法で、「…は…でうれしい」の意。

2.11 クリスマスと新年を祝う（2）

¡Hola, Concha!

No sé si te acuerdas de mí, pero yo sí te sigo recordando, y con cariño.

¿Qué tal te va en España? Espero que te sigas acordando del idioma japonés y de "osushi".

No sé si vosotros lo celebráis, pero ya sabes lo que es el Año Nuevo en Japón. Te deseo mucha felicidad en estas fiestas y que el año 20XX te conceda todo lo que deseas (hasta un viaje a mi país Japón para verme).

Sigo por aquí. Cuando vengas, te enseñaré mi nueva casa. Me casé con Hayao (¿te acuerdas de él?). Te mando mi dirección y el teléfono por si vienes[1].

Escríbeme si puedes. Saluda a tus padres[2] y a tu hermano.

Miho Yasui

私のことを覚えていますか？　私はあなたのことをいつもなつかしく思い出しています。スペインではどうですか？　あなたが日本語やお寿司を覚えていてくれますように。
そちらでお祝いするかどうか私は知りませんが、日本における新年が意味するところをあなたはもうご存じですね。この祭日に際して幸福がいっぱいありますように、そして、20XX年が思いが叶えられる年（あなたが日本に来て、あなたに会えることを含めて）でありますように。
私はここで生活を続けています。あなたが来た時、新しい家をお見せしますね。私は駿さん（彼のことを覚えていますか？）と結婚しました。来てくれる時のために住所と電話番号を知らせておきます。
できたらお便りをください。ご両親と弟さんによろしく。

NOTAS

1 **por si vienes**：「君が来るかも知れないので」。por si ＋直説法は可能性がある場合に使われ、疑念が強い時は＋接続法になります。

ej. Tanteaba con la punta del pie, *por si* hubiera espinas.（とげでもありはしないかと、彼はつま先で探った）

2 **Saluda a tus padres**：「君のご両親によろしく」。Saluda は tú に対する命令形。

2.12 クリスマス休暇について

> Querida Satoe:
>
> ¿Qué tal estás? Yo estoy muy bien, espero que pronto nos veamos y entonces nos divertiremos juntas[1]. ¿Cuándo te dan[2] las vacaciones? A mí el 22 ó[3] 23. Me ha tocado[4] maestro y estoy en tercero[5] de Educación Primaria. Ya tengo muchos amigos. Las Navidades las pasaremos en Alicante. ¿Y tú, Satoe? Te hemos mandado unos charros[6] como recuerdo nuestro. Que pases felices Navidades y besos de,[7]
>
> Raquel, Carlos y Cristina

お元気ですか？　私はとっても元気です。早く会えるといいのにね。その時は一緒に遊びましょうね。いつからお休みになりますか？　私は 22 日か 23 日からです。担任の先生は男の先生で、私は小学校 3 年生です。お友達もたくさんできました。クリスマス休みは家族でアリカンテで過ごします。さとえちゃんはどこでお休みを過ごしますか？　私たちの思い出としてチャーロ人形を送りました。では楽しいクリスマスを！

NOTAS

1 **divertiremos juntas**：実際上の主語が手紙を書いた Raquel と Satoe なので juntas と女性複数形になります。*ej.* Los niños juegan *juntos*.（男の子たちが一緒に遊んでいる）

2 **¿Cuándo te dan ... ?**：3 人称複数による無人称表現。
ej. Allí te *conocen* y *aprecian* mucho.（そこでは君のことを知っていて、とても高く評価をしています）

3 **ó**：アラビア数字の間ではゼロとの混同を防ぐため、o「または」にアクセント記号を付けることがあります。

4 **Me ha tocado**：tocar a ＋人「…に当たる」
ej. Le *tocó* el premio gordo.（彼は 1 等賞が当たった）

5 **tercero**：＝ tercer año

6 **charros**：サラマンカ地方の民族衣装のことで、ここではその衣装を着けた人形のこと。
7 **besos de,**：子供同士、子供から大人へ、または親しい女性の間で使われることの多い結語の一つ。

2.13　前文への父親の添え書き

Querida Satoe:
　Ya ves lo que te dicen los niños y su madre. Yo como ellos te deseo a ti y a tus padres unos felices días de Navidad. Espero que te guste[1] la pareja de charros que envían los niños y que juegues mucho con ellos estos días de vacaciones. Un abrazo,

　　　　　　　　　　　　　　　　　　　　　　　　　　Cirilo

子供たちとお母さんからの便りを見てくれたね。私も君や君の両親に幸せなクリスマスをお祈りしています。子供たちが送る一組のチャーロ人形が気に入って、この休みに大いに遊んでくれるといいね。

NOTAS
1 **Espero que te guste**（← gustar の接続法現在）：「君が気に入ることを期待する」

2.14　誕生日を祝う

Querido Masao:
　Te deseo mucha felicidad y prosperidades en este día muy especial y también en el futuro.
　Un abrazo,

　　　　　　　　　　　　　　　　　　　　　　　　　　Ignacio

君の幸福と成功をこの特別な日にそして将来においてもお祈りしています。

2.15 誕生日のプレゼント

Querida amiga:

　Este paquete no es gran cosa como podrás comprobar, pero es un detalle[1] que quiero hacerte por tu cumpleaños. Es un muñeco vestido con el traje típico del interior. Los que viven en la costa tienen otro muy diferente. Espero que te guste.

　Te deseo de todo corazón felicidad, salud y suerte.

Azucena

　この包みは、見ておわかりのように、大したものではありません。あなたのお誕生日のために私がさしあげたいちょっとしたプレゼントです。内陸地方の民族衣装を着たお人形です。海岸部に住んでいる人たちはまた別のずいぶん異なった衣装を着ています。気に入っていただけるとうれしいです。

　心からあなたの幸せと健康と幸運をお祈りします。

NOTAS

1　**un detalle**：「ささやかなプレゼント」。detalle には「心づかい」の意味もあります。
　cf. Ha tenido un pequeño *detalle* invitándome a comer.（彼は親切にも私を食事に招待してくれた）

2.16 誕生日のプレゼントをしたいのですが……

Queridísima amiga:

　¡Feliz cumpleaños! Me gustaría poder regalarte algo, pero por el tamaño de la carta te mando unas pegatinas y una repugnante foto mía[1], para que me recuerdes. También te mando toda la amistad que pudiera meterse[2] en 1000 cajones. Mándame una foto para ver si has cambiado.

Laura

お誕生日おめでとう！ 何かプレゼントをしたいのですが、手紙のサイズのせいで、あなたにシールと、私のことを思い出してくれるように、私のぞっとするような写真を送ります。また 1000 の大きな箱も一杯にできそうなほどの友情のすべても送ります。あなたが今どんなふうか知りたいので、写真を一枚送ってください。

NOTAS

1. **una repugnante foto mía**：友だちの間で交わされた、この「私のぞっとするような写真」という言葉がなかなかにユーモラスな雰囲気を伝えています。
2. **pudiera meterse**：「入れようとすれば入れられる」。pudiera は poder の接続法過去で、現在の非現実に対する仮定。

2.17 霊名の祝日を祝う

> Queridísimo Profesor:
>
> ¡Un millón de felicidades por su santo! Como puede ver, no se nos olvida[1] su onomástica[2]. Sería impensable para nosotros dejar de desearle lo mejor en este día. Sabrá usted lo mucho que lo queremos y la profunda admiración que sentimos por usted. Reciba[3] un abrazo de sus antiguos alumnos.
>
> Haruki

霊名の祝日、本当におめでとうございます！ ご覧のように、私たちはあなたの霊名の祝日を忘れていません。今日、あなたのお幸せを祈らずに過ごすなんて私たちにとっては想像もできないことです。私たちがどんなにあなたのことをお慕いしているかを、また私たちがあなたに感じている深い尊敬の念をご存じのことと思います。あなたのかつての生徒たちからのご挨拶をお受け下さい。

NOTAS

1. **se nos olvida**：olvidarse a ＋人「…に忘れられる」
   ej. Se me ha olvidado traer su libro.（私は彼の本を持って来るのを忘れた）
2. **onomástica**：洗礼名の同じ聖人の祝日（霊名の祝日）にちなんで祝い事をすること。
3. **Reciba**（← recibir）：usted に対する命令形。「お受け取りください」

2.18 赤ちゃんの誕生を祝う

Queridos Adela y Miguel:

No sabéis la alegría que nos ha dado al saber, por[1] Quintín, que ya sois padres. ¡Tardó, pero llegó! De momento no creemos estar en disposición de[2] ir a ver al recién nacido, de manera que[3] esta carta debe servir de felicitación a vosotros y bienvenida al mundo al bebé.

Comunicadnos el día del bautismo, ya que haremos todo lo posible por[4] asistir. A la nueva mamá, que se cuide[5], y al nuevo papá, que trabaje mucho para alimentarlo.

Ana y Pablo

キンティンに聞きました。君たちはもう親になったんですって？ とてもうれしいです。時間はかかったが、ついに到来！ ですね。今のところ赤ちゃんを見せてもらいに行けそうにないので、この手紙が君たちへの祝福と赤ちゃんへの歓迎の印でありますように。

洗礼の日取りを知らせてください。万難を排して出席したいですから。

新米のママさんは身体に気を付けて、そして新米のパパさんは赤ちゃんを養うために大いにがんばって働いてくださいね。

NOTAS

1 **por**：この por は「…を通じて」の意。＝ por medio de
2 **estar en disposición de** ＋**不定詞**：「…できる状態にある」
3 **de manera que**：＋直説法は、前の文を受けて結果を表します。＋接続法は、前の文の目的を表す「…するために」
4 **haremos todo lo posible por**：hacer todo lo posible por（para）…「…に最善を尽くす」
5 **que se cuide**：que ＋接続法3人称で第三者への命令。次の que trabaje も同じ構造。

2.19 洗礼を祝う

Querida amiga:

　Hace mucho tiempo que quería escribirte, pero he estado muy ocupada y no he podido hacerlo. Pero te he recordado muchas veces. Elvira me escribió contándome la ceremonia de tu bautismo. También me ha mandado fotografías. Yo estoy muy contenta de todo lo que me cuenta; todas allí te quieren mucho y me dicen cosas buenas de ti[1].

　¿Qué tal en el colegio?[2] ¿Estudias mucho? Estoy segura de que serás una chica estudiosa y responsable. Escríbeme alguna vez; me dará mucha alegría[3] tener noticias de ti y de tu hermano.

　Muchos saludos a tus padres.

　Un abrazo muy fuerte de,

Cari

　手紙を書こうと思ってずいぶんになりますが、とても忙しくて書けませんでした。でもあなたのことはいつも思い出していました。エルビラはあなたの洗礼式のことについて書いた手紙をくれました。写真も送ってくれました。彼女が書いてくれたことすべてに私はとっても満足しています。そちらでは皆があなたのことをかわいがってくれて、そしてあなたのことを褒めていてくれますから。

　学校はどうですか？　勉強、がんばっていますか？　あなたはきっと勉強好きで責任感のある女の子でしょうね。手紙を書いてください。あなたのことやあなたの弟さんのことを知りたいです。ご両親によろしく。

NOTAS

1　**me dicen cosas buenas de ti**：dicen は3人称複数による無人称文。「あなたについて良いことを私に言ってくれる」

2　**¿Qué tal en el colegio?**：Qué tal の後に haces または estudias が省略されています。

3　**me dará mucha alegría**：この dar は「（結果を）もたらす」の意で、主語は不定詞 tener 以下。

2.20 合格を祝う

Querido amigo:

　No podrás imaginar la alegría que he tenido al enterarme de tu éxito en el examen de ingreso en la Facultad de Derecho de la Universidad de Barcelona. Te mereces este éxito[1] por tu dedicación diaria a los estudios. ¡Enhorabuena! Lo celebraremos mucho cuando nos veamos[2] en estos días.

　Un abrazo fuerte,

　　　　　　　　　　　　　　　　　　　　　　　　　　Shinzo

バルセロナ大学法学部に合格されたことを知って、ぼくは君が想像もできないほどうれしく思っています。これも君の日ごろの勉強ぶりをもってすれば当然のことと言えましょう。おめでとう！　近日中に会って大いにお祝いしましょう。

NOTAS

1　**Te mereces**（← merecerse）**este éxito**：再帰動詞 merecerse は意味を強める用法です。
2　**cuando nos veamos**：cuando ＋接続法（内容が未来に触れている）「…する時には」

2.21 就職を祝う

Querida amiga:

　En primer lugar quiero darte la enhorabuena[1] por haber conseguido algún trabajo de español; me dijo Yuki que estabas dando alguna clase de este idioma y colaborando con tu profesor, me alegro mucho de[2] esto y espero que si tienes algún problema del tipo que sea[3], cuentes conmigo[4] siempre que lo necesites.

　Un beso,

　　　　　　　　　　　　　　　　　　　　　　　　　　Ángela

まず第一に、スペイン語の仕事を得たとのことでおめでとう。由紀さんの話では、スペイン語を教えているとか、そしてあなたの先生に協力しているとか、とってもうれしいです。もしどんな種類であれ問題があれば、必要な時はいつでも私に言ってきてくださいね。

NOTAS

1 **quiero darte la enhorabuena**：dar a ＋人＋ la enhorabuena por ...「…のことで…にお祝いを言う」
2 **me alegro mucho de ...**：alegrarse「うれしい」の後に un poco がくれば「すこしうれしい」、poco がくれば否定的な意味「あまりうれしくない」になります。
3 **algún problema del tipo que sea**：sea は ser の接続法現在。関係節で先行詞の内容が不特定を表すとき、接続法が用いられます。
4 **cuentes conmigo**：contar con「当てにする、頼りにする」

2.22 昇進を祝う (1)

Estimado amigo:

Enterado de[1] las buenas novedades que se han producido en tu vida profesional, me apresuro a[2] hacerte llegar[3] mis sinceros parabienes. Tengo la completa seguridad de que cuentas con[4] méritos sobrados para lo que es sin duda una justa recompensa. Creo que no es preciso señalarte la alegría que produjo la noticia en tus padres.

Recibe, con mi cordial felicitación, un abrazo emocionado.

Nobuo

職場で良いことがあったとのことで、取り急ぎぼくからのお祝いの言葉を送らせてもらいます。ぼくは、君が十二分な業績をあげてきたので、これは全くもって正当な報いであると思います。このニュースがご両親にもたらした喜びについて言及する必要はないでしょう。

NOTAS

1 **Enterado de ...**：「…を知って」。過去分詞の分詞構文。
2 **me apresuro a**：apresurarse a ＋不定詞「急いで…する」
3 **hacerte llegar**：hacer a ＋人＋不定詞で使役「…に…させる」
　ej. El padre le *hizo volver* a su hijo.（父親は息子に戻ってこさせた）
4 **cuentas con**：contar con「持つ、擁する」

2.23 昇進を祝う（2）

Querida Manuela:

　Ya me he enterado por nuestra común amiga Yoshie, que te han ascendido[1] a Jefa de la Dirección General. Espero que estés contenta[2], puesto que era lo que deseabas.

Takako

私たちの共通の友人芳枝さんを通じて知りましたよ、局長に昇進したんですってね。それこそあなたが希望していたことだったからたいへん満足のことと思います。

NOTAS

1 **te han ascendido**：3人称複数形による無人称表現。
　ej. En la compañía te *aprecian* mucho.（会社ではあなたのことをとても褒めています）
2 **Espero que estés contenta**：esperar「…と思う」に導かれる従属節においては、接続法が用いられます。
　ej. Espero que me lo *traiga*.（持って来てくれたら／持って来てくれると思う）

表現集

- [ ] ¡Feliz Navidad y un próspero Año Nuevo!
  メリークリスマス、そして新年おめでとう。
- [ ] En este Año Nuevo hacemos votos por la felicidad de todos los que componen tan apreciada familia.
  新年にあたり、ご家族の皆様のご多幸をお祈り申し上げます。
- [ ] Le deseamos felices pascuas de Navidad y un próspero año 20XX.
  楽しいクリスマスと 20XX 年が良い年でありますことをお祈りします。
- [ ] Deseamos que tengan unas Navidades llenas de paz y alegría, y un Año Nuevo.
  平和と喜びに満ちたクリスマスと新年のご多幸をお祈り申し上げます。
- [ ] Que Dios les colme de bendiciones en estas Fiestas de Navidad, y en el Año 20XX que va a comenzar.
  クリスマスと来たる年 20XX 年が神の祝福で満たされますように。
- [ ] Le presento mis felicitaciones más respetuosas por el Año Nuevo.
  謹んで新年のお祝いを申し上げます。
- [ ] Muchas gracias por tu tarjeta de Año Nuevo. A ti y a tu familia os deseo también un próspero Año Nuevo.
  年賀状ありがとう。君と君のご家族へぼくからも新年のご多幸をお祈り申し上げます。
- [ ] Agradezco infinito su felicitación del Año Nuevo.
  年賀状を頂きましてとても感謝しています。
- [ ] ¡Feliz cumpleaños!
  お誕生日おめでとう。
- [ ] Acepte usted mi más cordial felicitación en el día de su cumpleaños.
  お誕生日心からおめでとうございます。（目上の人に対して）
- [ ] Le felicito de todo corazón por el nacimiento de su hijo.
  お子様のご誕生を心よりお祝い申し上げます。
- [ ] Nuestra felicitación por el nacimiento de vuestro hijo. Recibid nuestro más afectuoso abrazo.
  お子さんのご誕生を心よりお祝いし、ご多幸をお祈り申し上げます。

- [ ] Enterado por sus padres le felicito sinceramente por el éxito que tuvo en el examen de ingreso.
    ご両親からあなたが入学試験に合格されたことをうかがいました。心からのお祝いを申し上げます。
- [ ] Recibid mi más cordial enhorabuena.
    心からのお祝いを申し上げます。
- [ ] Me alegro de poder felicitarle.
    あなたにお祝いを申し上げることができてうれしく思います。
- [ ] Reiterando mis más sinceras felicitaciones, aprovecho tan grata ocasión para saludarle.
    もう一度お祝いを述べさせていただきつつ、敬具。

3 知らせる

　「知らせる」ことはメールや手紙の原点ではないでしょうか。いくら電話が便利で早いとはいっても情報を正確に伝えるとなれば文字にかなわないことでしょう。
　近年、定着した「知らせる」手段としてメールがあります。礼儀はわきまえても、必要なことをなるべく簡潔に伝える、そんなメールの文例も集めておきました。表現集と合わせて大いに活用してください。
　ある時送る「知らせる」便り。うれしい知らせばかりではないことでしょう。受け取る人の側に立った、細やかな心配りが必要なことが多々あります。

3.1 写真を送ります

Asunto: Envío de[1] fotos

Hola, amigo Pedro:
¡Muchas gracias por haberme invitado a tu casa en Córdoba!
La foto que nos hicimos en el patio[2], la tengo en mi salón.
Te adjunto[3] fotos que nos sacamos durante mi estancia.
Hago dos envíos, por si[4] son demasiadas fotos.
No dejes de[5] visitarnos en Japón.
Cordialmente,
Hikaru

コルドバでは自宅に招いてくださってありがとう！
中庭（パティオ）でいっしょに撮った写真は、わが家の居間に飾っていますよ。
滞在中に、いっしょに撮った写真をメールに添付します。
写真が多すぎるといけないので、二度に分けて送信します。
日本ではかならず私たちの家に来てください。

NOTAS

1 **Envío de** ... :「…の送付」。動詞は enviar「送る」
 ej. Le *envío* el catálogo de la exposición "El Greco".（エル・グレコ展の目録を送ります）

2 *cf.* delante de la casa「家の前で」、al lado de Séneca「セネカの像の横で」、junto al (río) Guadalquivir「グアダルキビール河のほとりで」

3 **Te adjunto**（← adjuntar 添付する）：*cf. Te adjunto* algunos dibujos del gatito Guu.（猫のグウが描かれた絵を何枚か添付して送ります）

4 **por si** ... :「…かも知れないので」
 ej. Vete en taxi, *por si* llegas tarde.（遅れるといけないから、タクシーで行きなさい）

5 **No dejes de** ＋不定詞：「必ず…してください」
 ej. No dejes de escribirme correos electrónicos.（必ずメールを送ってね）

3.2 プレゼントを送ります

Asunto: Envío de un regalo

Querida Carmen:
Deseo que te encuentres muy bien[1].
En marzo, visité con mi familia[2] la región de Tohoku.
Te he traído esta «Kokeshi».
Es una muñeca japonesa de madera[3].
Te la he enviado vía aérea esta mañana a tu domicilio.
Espero que te guste mucho.
Akane

お元気のことでしょうか。
3月に、家族と東北地方を旅行しました。
あなたに「こけし」を買ってきました。
日本の少女の形をした木彫り人形です。
けさ航空便であなたの自宅に送りました。
気に入ってくれるとうれしいです。

NOTAS

1 原意は、「君／あなたが元気であることを望んでいます」。よく使われる同意の表現として：Deseo que al recibo de éste (= este mail) te encuentres muy bien.（このメールを受け取った時点で君が元気であることを望んでいます）

2 cf. con mis amigos/as「お友だちと」、con mis compañeros/as de clase「同級生たちと」

3 cf. muñeca de porcelana「陶器の人形」、jersey de pura lana「純毛のセーター」

3.3 転居のお知らせ

Asunto: Mi nuevo domicilio

Estimado amigo:
Me mudé[1] el 1 de abril[2].
Mi nueva dirección es:
　　Calle Toro 345, 6º-A, 34567 SALAMANCA
Cerca de mi piso, hay muchos bares y restaurantes.
Está a 10 minutos a pie[3] de la Plaza Mayor.
No dejes[4] de pasarte por mi piso, cuando vengas por aquí.
Saludos cordiales,
Hiro Matsuda

4月1日に引越しました。
新しい住所は次の通りです。
　郵便番号34567　サラマンカ市トロ通り345番6階A
マンションの近くには、たくさんのバルやレストランがあります。
（マンションは、）マヨール広場から歩いて10分のところにあります。
こちらにいらしたときは、ぜひお寄りください。

NOTAS

1. **Me mudé**（← mudarse）：＝ cambiar de domicilio「住所を変える」
   ej. Cambié de domicilio de Madrid a Segovia hace un mes.（1か月前にマドリードからセゴビアに引っ越しました）

2. **el 1 de abril**：＝ el primero de abril

3. *cf.* a 5 minutos en bicicleta「自転車で5分のところに」、a media hora desde la Estación de Tokio「東京駅から30分のところに」

4. 目上の人に「住所変更のお知らせ」を送るときは、No dejes ... por aquí. の行を3人称による丁寧な usted 表現に言い換えます：
   Estimado Señor: ...　No *deje* de pasar*se* por mi piso, cuando *venga* por aquí.
   Cordialmente, Hiro Matsuda（こちらにお出での節は、ぜひお寄りください）

3.4 アドレスの変更です

Asunto: Mi nueva dirección

Querida amiga:[1]
El 1 de julio[2] vuelvo a Tokio.
Te comunico mi nueva dirección de e-mail[3].
Voy a usar la siguiente[4]: kinosita1234@XXX.XXXX.ne.jp
Muchas gracias por todo,
Mizuki

7月1日に東京に帰ります。
新しいメールアドレスを送ります。
次のアドレス kinosita1234@XXX.XXXX.ne.jp を使います。
いろいろありがとう。

NOTAS

1 複数の友人に宛ててメールアドレスの変更を知らせるときは、次のように書きます。
   Quer*idos* am*igos*:
   El 1 de julio vuelvo a Tokio. *Os* comunico mi nueva dirección de e-mail. ...
   3人称による丁寧な usted 表現では次のように書きます。
   Estimado amigo:
   El 1 de julio vuelvo a Tokio. *Le* comunico mi nueva dirección de e-mail. ...
   （私の新しいメールアドレスをお伝えします）
2 **El 1 de julio**：日付には定冠詞を付けます。= El (día) 1 de julio「7月1日に」
3 **dirección de e-mail**：= domicilio de correo electrónico / e-mail「メールアドレス」
4 **la siguiente**：= la siguiente dirección

✉ 3.5 メールが途中で切れています

Asunto: Está cortado tu e-mail

Querido amigo:
Tu e-mail no ha llegado correctamente[1].
Está cortado al final de la segunda línea.
Mándame[2] de nuevo[3] tu e-mail.
Un abrazo,
Sachiko

あなたからのメールはきちんと届きませんでした。
2行目の終りで切れています。
メールを再送してください。

NOTAS

1 *cf.*「お知らせしたいのですが、あなたからのメールはきちんと届きませんでした」であれば、Quisiera avisarte que tu e-mail no ha llegado correctamente. と下線部を前に追加します。

2 **Mándame**：＝ Envíame「私に送ってください」

3 **de nuevo**：＝ otra vez「もう一度」

3.6 Facebook を始めました

Asunto: He empezado Facebook

Querida amiga:
¡Tanto tiempo sin[1] escribirte!
¿Cómo estás? ¿Qué cosas te interesan ahora?
Hace poco que[2] he empezado Facebook.
Si te interesa[3], quiero que te hagas mi amiga en él.
Búscame por mi dirección de e-mail o por mi nombre: Madoka Hayashi.
Espero que nos conozcamos más por Facebook.
Hasta pronto,
Madoka

久しぶりにメールします。
お元気ですか。今、どんなことに興味がありますか。
私は最近、Facebook を始めました。
興味があれば、Facebook の友達になってください。
ぜひ、メールアドレスか名前「林まどか」で検索してください。
Facebook を介してもっと親しくなりたいです。

NOTAS

1 **Tanto tiempo sin** : …無しに長い時が経過したときの表現。
 cf. Tanto tiempo sin encontrarnos.（長らく会っていない→お久しぶりですね）
2 **Hace poco que** ... : 時の経過を表す表現。
 ej. Hace tres meses *que* vivo en Málaga.（3か月前からマラガに住んでいます）
3 **Si te interesa** : ＝ Si te interesa（Facebook）

3.7 東京でお待ちしています

Asunto: Le espero en Tokio

Estimado Señor:
¡Muchas gracias por su[1] e-mail de hoy!
El señor Cruz ya me ha dicho en su e-mail que usted va a venir a Tokio la semana próxima.
Será un gran honor[2] para mí el poder saludarle.
Espero que tengamos un largo rato para conversar.
Un saludo muy cordial desde Tokio,
S. Takeuchi

きょうはメールをありがとうございました。
すでにクルスさんから、あなたが来週東京に来られるとのメールをいただいています。
あなたにご挨拶できればたいへん光栄に存じます。
ゆっくりお話しできることを楽しみにしています。
東京からご挨拶を申し上げます。

NOTAS

1 このメールは友人の知人に宛てたもので、usted（3人称単数扱い）で呼びかけています。
2 **Será un gran honor** ... : cf. Para mí *es un gran honor* el poder saludarle.（私にとりましてこうしてご挨拶できることはたいへん光栄です）

3.8 マドリードに行くことを知らせる

Querida amiga:
   Ahora estoy estudiando, pues tengo un examen el día de 12 de febrero. Últimamente no he ido a Madrid, pero voy con seguridad el día 11 de marzo, ya que tengo el examen de seguros. Me quedaré luego tres o cuatro días, ya te llamaré para vernos. No sé si iré sola[1] o con mis padres, pero es igual porque seguramente dormiré en casa de unos amigos.
   Muchos besos,

   Menchu

今、勉強中です。2月12日に試験があるのです。このところマドリードには行ってませんが、保険業務の試験があるので、3月11日には絶対に行きます。その後3、4日はそちらにいると思うので、あなたに会えるように電話をします。一人で行くか、両親と一緒に行くかは分からないけれど、どちらにしても私は友人の家に泊まるつもりだから同じことです。

NOTAS

1 **iré sola**：主語が Menchu（女性単数、Carmen の愛称）なので sola ← solo となっています。*ej.* Lo escuchan admira*dos*.（彼らは感心して聞いている）

3.9 旅行の日程を知らせる

Querido Pedro:
   Otra vez estaré en España. ¿Cómo estás tú y tu familia? Salgo de Japón el día 16 de julio. Paramos en París dos días e inmediatamente en el tren iremos a Málaga. Allí estaré desde el 21 de julio al 14 de agosto. Llegaré a Madrid con un grupo de quince estudiantes el día

15 de agosto por la tarde y estaré en el Hotel Meliá Madrid.

 Tal vez haga[1] una escapada durante los cursos de Málaga y entonces ya te llamaría. En todo caso, si estuvieras libre el día 16 de agosto por la mañana o el mismo día 15 de agosto por la noche, quisiera verte para que ofrezcas a los estudiantes diferentes alternativas para conocer Madrid y sus alrededores en los días 16-17. El día 16 por la mañana un autobús ya los llevará durante tres horas por la ciudad. Por la tarde están libres. Tanto esa tarde como el día 17 están libres y quisiera que tú nos ofrecieras diferentes programas de viajes y cosas para ver. Como el grupo es pequeño si se hace un programa concentrado entonces podremos ver muchas cosas. En todo caso ellos no han visto ni Madrid ni nada de los alrededores. Además del Museo del Prado, ¿qué otras cosas aconsejas? ¿Una corrida de toros? Creo que sí. Yo pienso llamarte por teléfono desde Málaga. Bueno, será hasta pronto si es que estás en España y si es que tienes tiempo. No hagas imposibles[2]. Saluda a los tuyos de parte mía.

Yoshio Ohashi

またスペインへ行きます。君や君の家族は元気ですか？　7月16日に日本を出発し、2日間パリに滞在して、すぐ列車でマラガに向かいます。そこには7月21日から8月14日まで滞在する予定です。それから8月15日の午後、15人の生徒を連れてマドリードに入り、メリア・マドリードホテルに泊まります。

 マラガのコース中に一度抜け出せるかも知れないので、その時は君に電話します。とにかく、8月16日の朝か、マドリードへ着く15日の夜に君に会って、16、17日にマドリードやその周辺へ学生を連れて行く計画を立てたいと思っています。16日の午前中は、バスで3時間の市内観光をすることが決まっています。午後は自由行動。17日も自由行動ですから、行っておいたほうがよい場所や見るとよいものなどを、君が教えてくれたらと思っています。少人数のグループなので、中身の濃いプログラムを立てて多くのことを見ることができるでしょう。何といっても生徒たちはマドリードとその周辺を見たことがありません。プラド美術館のほかに何か勧めてくれるものはありますか？　闘牛とか……それはいいかもしれませんね。マラガから

君に電話するつもりでいます。
　君がスペインにいて時間があったら、近々お会いできることを楽しみにしています。でも無理はしないでください。

> **NOTAS**

1　**Tal vez haga**：tal vez ＋接続法は疑念が強い「たぶん」（ここでは、まだマラガでの状況がつかめていない）。確実性が強いときは直説法：Tal vez *haré* una escapada.（たぶん抜け出すでしょう）
2　**No hagas imposibles**：imposible はここでは、名詞「不可能なこと」

3.10　結婚を知らせる

Muy estimado Sr. Hernández:

　Le extrañará recibir mi carta ya que nuestra comunicación suele ser escasa y telefónica, pero esta noticia me gustaría dársela por escrito.

　Me dispongo a[1] contraer matrimonio dentro de aproximadamente quince días[2]. Como ya sabe, llevamos mucho tiempo esperando este momento y quiero que comparta nuestra alegría.

　Debido a las circunstancias familiares, la boda será sencilla y sin más asistencia que la de los familiares más allegados, por lo que no es necesario que se desplace desde tan lejos para tan breve tiempo.

　Sabemos que contamos con su cariño y su recuerdo. Tan pronto como tengamos[3] unos días, iremos a su casa a darle un fuerte abrazo[4].

　Hasta pronto,

　　　　　　　　　　　　　　　　　　　　　Fumika Iwashima

　私から手紙を受け取って不思議に思っているのではないでしょうか。だって、あまり連絡もとってないし、ふつうは電話で済ませてしまうから……。でも、このことは手紙で知らせたいと思ったのです。
　半月後に結婚することになりました。ご存じのように私たちはずっとこの時を待っ

ていました。あなたがこの喜びを分かち合って下さるとうれしく思います。

　家庭の事情で結婚式は簡単なものにし、ほんの少しのごく近い親類縁者しか呼びません。ですから短い時間のために遠いところから来ていただくほどのことはありません。

　あなたの愛情や思い出をいつも心に留めています。できるだけ早い時期に、時間を見つけてお宅にご挨拶にうかがいます。

NOTAS

1. **Me dispongo a**：disponerse a ＋不定詞「…することを決心する」
   ej. Estaba dispuesto a bien morir.（彼は立派に死ぬ覚悟ができていた）
2. **quince días**：「15日→ 2週間、半月」。*cf.* ocho días「1週間」
3. **Tan pronto como tengamos**：tan pronto「…するとすぐ」は内容が未来のことに関係しているため、＋接続法。
4. **darle un fuerte abrazo**：dar un abrazo a ＋人「…を抱擁する→ …に挨拶する」

3.11 赤ちゃんが生まれることを知らせる

Querida amiga:

　Te diré un secreto, que no lo sabe nadie aparte de mi familia. Tendremos un hijo para aproximadamente el 18 de octubre. Después del aborto espontáneo de tres meses que tuve en febrero del año pasado, tenemos mucha ilusión con[1] el nuevo embarazo. Por ahora todo va bien. El otro día con el doctor[2] lloré un poco de emoción[3] al poder escuchar el corazón del niño. Siento también los movimientos. Me hace sentir que es algo maravilloso el poder ser madre, tener un hijo creado por Jorge y yo. Tengo un poco de miedo al pensar en el momento que llegue, pero creo que siempre ocurre con el primero[4]. Lo que deseo es que sea sano. Si vamos por Navidad a Madrid ya lo podréis conocer.

　　　　　　　　　　　　　　　　　　　　　　　　　　　　Carmen

私の家族しか知らない秘密をあなたにお話しするわ。10月18日ごろ赤ちゃんが生まれるのです。去年の2月に3か月の子を流産した後で、今回の妊娠をとっても喜んでいます。今のところすべて順調です。先日赤ちゃんの鼓動を聞いた時、胸が一杯になってお医者さんの前で少し泣いてしまいました。お腹の子の動きを感じます。母親になれること、ホルへと私の子供ができることって、なんてすばらしいことなのかしら。産む時のことを考えると少し怖いけれど、初めての子供の時は誰でもそうなんでしょうね。願うのは(生まれて来る子が)健康であればってことばかり。私たちがクリスマスにマドリードへ行く時には、赤ちゃんを見てもらえると思います。

NOTAS

1 **tenemos mucha ilusión con**：tener ilusión（por）「…に夢を抱く」。*ej.* Se ve que *tiene* mucha *ilusión por* su novio.（彼女は恋人のことで本当にうれしそうだ）
2 **con el doctor**：この con は原因「…によって」。「医者の御蔭で」
3 **lloré un poco de emoción**：llorar de emoción「感動して泣く」
 cf. llorar de pena「悲しくて泣く」、llorar de risa「笑いすぎて涙が出る」
4 **con el primero**：後に hijo「子供」が省略されています。

3.12 友人に甥が生まれたことを知らせる

Mi querida amiga Megumi:
 Sabes, Megumi, nuestra querida amiga Pili ya tiene un sobrinito, seguro que ya lo sabrás, pero si no lo sabías, ahora ya lo sabes. No puedes imaginar lo contentos que[1] están todos con el nuevo miembro de familia y es para estarlo[2], ¿no?
 Espero que la próxima carta sea más larga para contarte más cosas.
 Con cariño,

                                        Aurora

知ってる？ めぐみ、私たちの友人ピリにはもう甥っ子がいるのよ。絶対知っていると思うけど、もし知らなかったのなら、今知ったことになるのね。新しい家族の一員にみんなとっても喜んでいるの。当然ですよね。
 この次の手紙ではもっと詳しくお話しできると思います。

NOTAS

1 **lo contentos que**：lo ＋形容詞＋ que ＋直説法「どんなに…であるか」。この形容詞は que 以下の主語に合わせて性数変化します。
2 **es para estarlo**：es の主語は el nuevo miembro（新しい一員→赤ちゃん）。lo は前文の内容を受けて、「赤ちゃん（の誕生）はそのためである」ということになります。

3.13 住所の誤りを知らせる

Querido amigo:
　Te comunico que me han devuelto afortunadamente la carta que tenía equivocada la dirección[1], pues ponía n.° 18[2] en vez del[3] 13.
　　　　　　　　　　　　　　　　　　　　　　　　　　Akiyo

住所が間違っていた手紙が運よく戻ってきました。13 番地の代わりに 18 番地と書いてありましたよ。

NOTAS

1 **tenía equivocada la dirección**：過去分詞 equivocado は叙述補語として la dirección と性数で一致。
2 **n.° 18**：n.° ＝ número
3 **en vez del**：「…の代わりに」。del ＝ de ＋ el（número）

3.14 カタログの送付を知らせる

Estimado Sr. mío:
　Tengo el gusto de enviarle un catálogo de la exposición de porcelanas de Seto, de Japón. Éste es para Ud., ya que he enviado otro para la Biblioteca. Igualmente le envío dos carteles de propaganda

para la cartelera de los estudiantes.
　　La exposición será entre el 31 de octubre y el 5 de noviembre.
　　Si Ud. tiene tiempo, por favor venga a verla.

　　　　　　　　　　　　　　　　　　　　　　　Ichiro Kawabata

瀬戸物の展示会用カタログを送付させていただきます。これは貴殿宛てで、図書館には別に一部送りました。また、学生掲示板用のポスターも2枚送ります。
展示会は10月31日から11月5日までです。
お時間がございましたら、ぜひお立ち寄りください。

3.15　コピーの送付を知らせる

Distinguido Señor:
　　Le mando las dos fotocopias que pedía en su carta del pasado día 5 de noviembre.
　　Dispense[1] que no me fijara en que no habían salido perfectamente de la fotocopiadora.
　　Con nuestro mejor saludo,

　　　　　　　　　　　　　　　　　　　　　　　Bibliotecario

去る11月5日付けの手紙でご依頼のあった2枚のコピーをお送りします。
きちんとコピーできていたかを確認せずに申し訳ありませんでした。

NOTAS

1　**Dispense**（← dispensar）：「許す」
　　cf. *Dispénseme* por llegar tan tarde.（こんなに遅れてすみません）

3.16 友人の母の死を知らせる

Querida Ester:

Lamento tener que dirigirme a ti para darte una mala noticia. Ha fallecido la madre de nuestro amigo Kojima.

Sé que esto te apena porque, como yo, estimas mucho a toda la familia. Por ello considero oportuno avisarte[1] para que puedas darles el pésame en tiempo debido.

De momento no puedo facilitarte[2] más datos de cómo fue repentino. Cuando sepa más, te escribiré de nuevo.

Espero que en tu casa todos estéis bien.

Un abrazo,

Enrique

残念なことに君に悪い知らせを伝えなければなりません。ぼくたちの友人小島さんのお母さんが亡くなりました。

君も悲しむことでしょう。私同様、彼の家族みんなを尊敬していたから、だから、しかるべき時にお悔やみが言えるように、君に知らせるべきだと思ったのです。

今のところ、事の詳細についてはこれ以上の情報がありませんが、明らかに突然のことだったと思います。もっと詳しくわかったら、また君に手紙を書くことにします。

君の家族がみんな元気でありますように。

NOTAS

1 **considero oportuno avisarte**：considerar ... ＋目的語「…を…とみなす」。oportuno は「時宜にかなった」

2 **facilitarte**（← facilitar ＋ te）：「提供する、伝える」

表現集

- [ ] Me ha llegado este mensaje que es para usted, se lo (re)envío.
  貴殿宛てのメッセージが私に届きましたので、転送します。

- [ ] Desearía que hicieran llegar al Sr. Kato mi blog y mi correo electrónico.
  加藤さんに私のブログとメールアドレスをお知らせいただけると幸いです。

- [ ] Le participamos nuestro enlace celebrado el 19 de mayo pasado y le ofrecemos nuestro domicilio: Calle de Alcalá 222-2° A, Madrid.
  私たちは5月19日に結婚し、下記に新居を構えました。マドリード市アルカラ通り222、2階のAです。

- [ ] Tengo el gusto de dirigirme a usted para comunicarle que mi esposa dio a luz una hermosa niña, Elvira, el día 12 del mes corriente. Tanto la madre como la recién nacida gozan de buena salud.
  今月12日に女児エルビラが誕生しましたことをお知らせいたします。母子ともに健康です。

- [ ] Taro Takahashi tiene el honor de ofrecerle, a partir del 1 de abril, su nuevo domicilio en: 3-24, Kanda-Ogawa-machi, Chiyoda-ku.
  私、高橋太郎の新住所は、来る4月1日より「千代田区神田小川町3-24」になりますことをお知らせいたします。

- [ ] Mi número de teléfono va a cambiar. Te ruego que tomes nota de mi nuevo número: (91)234-5678.
  私の電話番号が変わります。新しい番号（91）234-5678をメモしておいてください。

- [ ] Les ponemos urgentemente en conocimiento que la Delegación encabezada por el M. Hble Presidente Sr. D. Juan Lerma llegará al Aeropuerto Internacional de Kansai a las ocho y media del 1 de noviembre.
  フアン・レルマ首相一行が11月1日8時30分に関西国際空港へ到着いたしますことを取り急ぎお知らせいたします。（M. Hble：= Muy Honorable）

- [ ] Tengo el honor de comunicaros que mi hija ha sido nombrada maestra del Instituto Kaisei.
  娘がこのたび開成高等学校の教員に任命されましたことをご連絡申し上げます。

- [ ] Con la presente hago llegar la noticia de que la madre de nuestro común amigo Juan Andrés fue internada e intervenida quirúrgicamente el sábado pasado en el Hospital Paz.
    先週の土曜日ぼくたちの共通の友人フアン・アンドレスのお母さんがパス病院に入院し、手術を受けたことをこの手紙で君にお知らせします。
- [ ] Solamente dos líneas con el fin de comunicarte un suceso extremadamente doloroso para mí.
    私にとって極めて悲しい出来事についてあなたに簡略に伝えます。
- [ ] Me apresuro a comunicarle el fallecimiento de mi abuelo el viernes pasado a las 7 horas.
    金曜日朝7時に祖父が他界したことを取り急ぎお知らせします。

4　誘う、招く

　この章では、前半で友人・知人を何かに「誘う」ための、そして後半では主に「結婚式に招く」ための例文が集めてあります。

　スペインで友人に誘われて、サルダーナの輪の中で踊ってみたり、秋祭りの雰囲気の中で闘牛を楽しんだ。はたまたマタンサと呼ばれる豚から腸詰を作る一種の年中行事を見て、日本の文化との違いにびっくりした人がいます。前を通りかかった家の子供に、「パティオの美しい花を見ていきませんか」と誘われ、感動した人もいます。

　誘い、誘われることが身近な国際交流の第一歩。誘われることを待つだけでなく、「お茶をしませんか」、「今度ショッピングに出かけませんか」、「祭に行きませんか」とメールに書いて誘ってみてはいかがでしょうか。

　次に、結婚式に招く時のカードの書き方を見てみましょう。招待状の差出人には、結婚する二人の両親である時と本人自身である時と2つの場合が考えられます。いずれにしても、招待状を送るに際しては、出席者からの返事をもらう時間的余裕を含めて、なるべく早めに出すことが肝要です。

　書き方については、おおむね形式は決まっており、本書の文例が一般的なものの一つと言えますので参考にしてください。

✉ 4.1 お茶をしませんか

Asunto: Vamos a tomar té

Querida amiga:
Te envío este e-mail, porque vas a estar en Kobe pasado mañana.
Me encantaría tomar té[1] contigo, si fuera posible[2].
Pasado mañana trabajo[3] hasta las 5 de la tarde.
Pero, a las 6 puedo estar en el centro de la ciudad.
Mi teléfono móvil es el 123 456 789.[4]
Un abrazo,
Azusa

明後日、神戸に滞在するとのことなので、メールを送ります。
できれば、お茶をしたいのですがいかがですか？
明後日、私は午後5時まで仕事です。
が、6時には市の中心街に行くことができます。
私の携帯電話は、123-456-789です。

NOTAS

1 tomar té は tomar un té とも言います。*cf.* tomar café = tomar un café.
2 初対面の人に対してはつぎの丁寧な表現があります：
   Me encantaría conocerle (a usted), si fuera posible.（できれば、あなたに直接お会いしたく存じます）
3 **trabajo**（← trabajar）：「働く」= tener trabajo.
   ej. Mañana *tengo trabajo* hasta muy tarde.（明日は遅くまで仕事です）
4 **el 123** ... : = el (número) 123 ...

4.2 ショッピングに行きませんか

Asunto: Vamos a ir de compras

Querida amiga:
Si te apetece¹ ir el miércoles próximo a El Corte Inglés². Vamos a hacer compras aprovechando las rebajas de enero³. Creo que es una buena oportunidad para conseguir "ropa de buenas firmas⁴".
Después podríamos⁵ ir a comer a la nueva cafetería que está en la Gran Vía. Piénsalo y llámame para comunicarme si puedes ir o no.
Besos de,
Yurie

来週の水曜日、エル・コルテ・イングレスに行きませんか？
1月のバーゲンを利用して買い物をしましょう。
"ブランドもの"を手に入れる絶好の機会だと思うの。
その後で、グラン・ビア通りにある新しいカフェテリアに食事に行くというのはどうかしら。考えてみて、行けるかどうかお電話くださいね。

NOTAS

1 **Si te apetece ＋不定詞**:「…する気にさせる」
2 **El Corte Inglés**：スペインの最大手のデパート・チェーン。
3 **las rebajas de enero**：rebajas は「大売り出し」の意。1月と8月のバーゲンは規模が大きいことで有名。
4 **ropa de buenas firmas** ：＝ ropa de marca, vestidos de buenas marcas（firmas）「一流デザイナーによる衣料品、一流メーカーもの」の意。
5 **podríamos**（← poder）：過去未来形による婉曲表現。
 ej. Si te apetece, *podríamos* ir a ver una nueva película de Pedro Almodóvar.（よければ、ペドロ・アルモドバルの新作映画を見に行きませんか？）

4.3 祭に行きませんか

Asunto: Vamos a la Feria

Querido amigo:
Ahora estamos en la época de ferias de verano[1] en Japón.
En nuestro pueblo la feria se celebrará para el próximo fin de semana.
La calle principal se encuentra bordeada de muchas tiendas.
Y, de noche, hay fuegos artificiales fantásticos.
El año que viene, cuando visites Japón, podemos ir juntos[2] a la feria.
Mediante e-mails iremos concretando poco a poco nuestro plan.
Un abrazo,
Satomi

いま日本では夏祭の季節です。
私の町では、祭はつぎの週末に行われます。
メイン・ストリートにはたくさんの出店が並びます。
そして、夜にはみごとな花火があります。
来年、あなたが日本に来たら、祭に出かけましょう。
メールを介して、少しずつプランを具体化していきましょう。

NOTAS

1 *cf.* ferias de primavera 「春祭」、ferias de otoño 「秋祭」
2 主語が複数の女性であるときは、juntas となります。

4.4 すき焼きを食べに行きませんか

> Asunto: Vamos a comer Sukiyaki
>
> Querida Carmen:
> ¿Cómo estás?
> Hace mucho tiempo que no nos vemos.
> Me gustaría charlar largo[1] contigo como hacíamos en nuestra época de estudiantes.
> Te invito a comer el próximo domingo a mediodía en un nuevo restaurante cuya especialidad es "Sukiyaki" de la famosa carne de Matsusaka.
> ¿Qué te apetece?
> Espero tu contestación.
> Airi

お元気ですか？
久しぶりですね。
学生時代のように、大いにお話ししたいのですが、いかがですか。
今度の日曜日の正午、有名な松坂牛のすき焼きが看板の新しいレストランに招待します。
（すき焼きは）いかがですか？
お返事を待っています。

NOTAS

1. **charlar largo**：largo は副詞「大いに」。
   ej. Hablaremos *largo* y tendido de eso.（それについて大いに話しましょう）

4.5 夕食に来ませんか

> Querida Julia:
>
> Mañana vuelve Toshio Ogawa de México. Por eso nos gustaría celebrar una cena de bienvenida[1] en nuestra casa. Vamos a invitar a dos amigos más y hemos pensado que a ti también te gustaría darle la bienvenida. La cena se celebra el viernes de esta semana a las siete y media de la tarde. Nos sentiríamos muy felices de que aceptaras nuestra invitación.
>
> Un abrazo de,
>
> Eriko y Satoshi

明日、小川俊夫さんがメキシコから帰ってきます。そこで彼の歓迎会をわが家で開こうと思います。もう2人お友だちを呼ぶつもりですし、あなたも彼の帰国をお祝いしたいのではと思ったのです。夕食は今週の金曜日、夕方7時半からです。私たちの招待を受けてくれるととてもうれしいのですが。

NOTAS

1 **cena de bienvenida**：「歓迎の夕食会」。*cf.* comida de despedida 「お別れの昼食会」

4.6 生け花への誘い

> Querida Ana María:
>
> ¿Has oído hablar del "Ikebana"? Supongo que sí, pero seguramente que no habrás visto cómo se arreglan las flores en este arte tradicional de Japón. Existen escuelas y centros especiales para enseñar el método del arreglo floral[1]. Cada sábado visito la casa de mi maestra con un grupo de compañeras para recibir las instrucciones y practicar lo que nos enseña la profesora.

Te escribo estas líneas por si[2] quieres venir conmigo a apreciar este difícil pero delicado arte. Te espero a las tres de la tarde en la boca del metro de Yotsuya.

Besos de,

Yumiko

「生け花」について聞いたことがありますか？ 聞いたことがあるとは思いますが、この日本の伝統芸術においてどんなふうに花が生けられるのか見たことはないのではないでしょうか。生け花を教える特別な流派があり、家元がいます。私は毎週土曜日にお友だちと先生のお宅にうかがって説明を受けたり、先生が教えて下さることを練習したりします。

こうしてあなたにお手紙するのは、このむずかしく、しかも繊細な芸術をあなたが鑑賞したいのではと思ってです。

午後3時に地下鉄四ツ谷駅の入り口で待っています。

NOTAS

1 **el método del arreglo floral**：「生け花の方法・教則」
2 **por si** ＋直説法：「…かも知れないので」

4.7 生け花の誘いへの返事

Querida Yumiko:

No sabes con qué alegría he recibido tu invitación para asistir a una clase de Ikebana. Esperaba tener la oportunidad de ver cómo se aprende esta arte de tanta tradición en tu país, y tú me la acabas de brindar[1].

Estaré puntualmente a las 3 de la tarde en la boca del metro de Yotsuya.

Hasta entonces, pues.[2]

Ana María

生け花教室に誘ってくれてとてもうれしいです。この日本の伝統芸術の学び方を知る機会があればと思っていたところだったんです。そうしたらあなたがそのチャンスをくれました。

午後3時ぴったりに地下鉄四ツ谷駅入り口で待っています。

NOTAS

1 **brindar**：= proporcionar 「与える」
   ej. Le *brindaron* la oportunidad de aprender la caligrafía.（彼は書道を習う機会が与えられた）
2 **Hasta entonces, pues.**：「その時まで、では」

4.8 茶道はいかが

Querida Pilar:

¿Cómo te va después de un mes en Japón? Espero que te vayas acostumbrando poco a poco a la vida de aquí. A propósito, dentro de dos semanas celebramos una fiesta en la escuela: la ceremonia del té. He pensado que te gustaría asistir a ella y participar en una típica[1] ceremonia del té, para saborear[2] el espíritu japonés. Te envío una invitación y allí nos encontramos.

Un abrazo,

Yoko

日本で1か月が経ちますが、どんなぐあいですか？　少しずつこちらの生活に慣れるといいですね。ところで、2週間後に校内茶道会があります。その席に参加して、日本の精神をよく知るために伝統的な茶道を体験されたいのではと思ったので

す。招待状を送ります。向うで会いましょう。

> **NOTAS**
>
> 1 **típica**：típico は「典型的な、伝統的な」
>   *ej.* ¿Cuál es el plato *típico* de Valencia?（バレンシアの代表的な料理は何ですか）
> 2 **saborear**：「味わう、満喫する」
>   *ej.* Esta noche *saboreemos* la cocina japonesa.（今宵は日本料理を心ゆくまでたのしみましょう）［saboreemos は接続法現在 1 人称複数形による勧誘］

4.9 レオンへ遊びにいらっしゃい

Hola, Kaori:

¿Qué tal en Madrid?[1] Espero que lo pases tan bien como en León. Cuando tengas tiempo libre, un fin de semana u otro día, acércate hasta León. De todas formas a ver si podemos ir a Madrid a verte, en caso de que no puedas venir tú.

Lo que podrías hacer al acabar el curso es venirte a León el tiempo que quieras[2]. Yo el mes de julio me voy a Huelva[3] a la playa con el niño y mi madre.

Un abrazo,

Camilo

マドリードではいかがですか？　レオンにいた時のように楽しく暮らしているといいなあと思っています。週末など時間があったら、レオンまで来てください。いずれにしても、もしあなたが来られないようなら、私たちがあなたに会いにマドリードまで行こうとも思います。

学期が終わったら、好きな時にレオンに来るというのはどうですか。

私は 7 月に息子と母といっしょにウエルバの浜辺に行きます。

> **NOTAS**
>
> 1 **¿Qué tal en Madrid?**：Qué tal「どのように」の後に estás が省略されています。「マ

ドリードでいかがお過ごしですか？」。
cf. ¿Qué tal (las cosas están) *por Madrid?*（マドリードはいかがですか？）

2 **el tiempo que quieras**：「君がそうしたいと思う時に」。quieras は querer の接続法現在。

3 **me voy**（← irse）**a Huelva**：「ウエルバへ出かけてしまう／出かけてしまっていない」の意。この手紙が 7 月近くに書かれたことも推察できます。

4.10 レオンへ遊びにいらっしゃいへの返事

Querido amigo Camilo:

　Muchísimas gracias por tu amable invitación para ir a León siempre que[1] quiera.　Es estupendo saber que cuento con amigos así.

　Hoy siento mucho decirte que no podré ir al acabar la carrera[2], pues estaré muy ocupada preparando mi tesina.　Espero buscar otra ocasión para ir a haceros una visita.

　Un abrazo,

　　　　　　　　　　　　　　　　　　　　　　　　　　　　　Kaori

　私が行きたいときはいつでもレオンに来るようにって親切なお招き、本当にありがとう。こんなふうに私にはお友だちがいるってすてきです。
　今日、残念なお知らせをしなくてはならないのですが、専門課程が終わるにあたり行けそうにないのです。卒業論文の準備でとても忙しいでしょうから。またの機会に訪問できますことを楽しみにしています。

NOTAS

1 **siempre que ＋接続法**：「…ならばいつでも」
　ej. Te llevaré al circo siempre que seas bueno.（いい子ならばいつでもサーカスに連れてってあげるよ）

2 **carrera**：「（大学の）専門課程」（＝ carrera universitaria）
　cf. hacer la *carrera* de medicina「医学を学ぶ」。*Él es hombre de mucha carrera.*（彼は高学歴だ）

4.11 新築披露パーティーへの招待

Queridos amigos:

El sábado 20 de mayo a las 7 de la noche tendrá lugar[1] la inauguración de nuestra nueva casa. Nos encantaría que pudierais uniros a[2] nuestra celebración. Asistirán también a esta fiesta de familia otros amigos que conocéis. Os esperamos con los brazos abiertos[3].

Yoshio y Keiko

5月20日土曜日夜7時に新居の披露パーティーを行います。ご出席いただけたらうれしく思います。お知り合いのお友だちもこの家族的パーティーに参加くださいます。心からお待ちしています。

NOTAS

1 **tendrá**（← tener）**lugar**：主語は事柄で「起こる、催される」
  ej. ¿Dónde *tendrá lugar* la fiesta?（パーティーはどこで催されますか？）
2 **unirse a**：「…に参加する」
3 **con los brazos abiertos**：「両腕を広げて→心から」
  ej. Me recibieron *con los brazos abiertos*.（彼らは私をあたたかく迎えてくれた）

4.12 パーティーに来てもらえず残念

Queridos amigos:

Como os habíamos anunciado, el sábado pasado celebramos la inauguración de nuestra nueva casa. Tanto los amigos comunes que asistieron, como nosotros, os echamos mucho de menos. Esperamos que algún día podáis pasar por casa a tomar una copa[1].

Saludos cordiales,

Yoshio y Keiko

お知らせしましたとおり、先週の土曜日に新居落成パーティーを行いました。来てくださった私たちの共通の友人たちだけでなく、私たちもあなたたちがいなくてとても残念でした。いつかお寄りくださることを楽しみにしています。

NOTAS

1 **tomar una copa**：「（シェリー酒 jerez などを）一杯飲む」ですが、日本語では「お茶でも飲みに行く」ほどの意。
   cf. Vamos a *tomar una copa* en el bar de esa esquina.（角のバルで喉をうるおしましょう）

4.13 誕生パーティーへの招待

Querido amigo:
　El próximo día 21 de diciembre es mi cumpleaños. Con este motivo deseo que pases un rato agradable[1] con nosotros y partícipes de nuestra fiesta. Te invitaré a tomar tarta y champán el próximo día 21, a partir de las siete de la noche. ¡¡No faltes[2]!!

　　　　　　　　　　　　　　　　　　　　　　　　Raúl

12月21日はぼくの誕生日です。ぜひパーティーに出席して私たちと楽しいひとときをお過ごしくださいますように。当日7時から、ケーキとシャンペンを用意して待っています。
　必ず来てね！

NOTAS

1 **pases**（← pasar）**un rato agradable**：「楽しいひとときを過ごす」
2 **faltes**（← faltar）：「欠席する」。
   ej. Julio *faltó* a clase / la oficina, porque estaba enfermo.（フリオは病気で授業／会社を休んだ）

4.14 本人が出す結婚式と披露宴への招待（1）

Antonio y Leonor:

　Nos complace invitarles a nuestro enlace, que tendrá lugar en la Iglesia de Santa Cruz, de Cádiz, a las 12,30 del día 1 de octubre, y posteriormente al almuerzo que tendrá lugar en el restaurante La Masía.

　Rogamos confirmación[1].

10月1日12時30分、カディス市のサンタ・クルス教会での結婚式にご参列くださいますようお願い申し上げます。また、その後、レストラン「ラ・マシア」での昼食会にもご参加くださいますよう重ねてお願い申し上げます。
出席の確認をお願いいたします。

NOTAS

1　**confirmación**：「出欠の確認」の意。

4.15 本人が出す結婚式と披露宴への招待（2）

　Nos uniremos en matrimonio[1] el día 25 de septiembre, a las 12 horas, en la Iglesia de Santa María La Mayor.

　Junto con nuestros padres Sres. de Hernández-Bermejo y Sres. de Gómez-García, nos gustaría que nos acompañaseis[2].

Pedro y Milagros

　Almuerzo[3]: Club Los Alcores, 2 tarde
　Se ruega comuniquéis la asistencia.

9月25日12時に、サンタ・マリア・ラ・マヨール教会にて結婚式をあげることになりました。

皆様にはご参列くださいますよう、私どもの両親、エルナンデス゠ベルメホ夫妻、ゴメス゠ガルシア夫妻ともどもお願い申し上げます。
　パーティー：クラブ・ロス・アルコーレス、午後2時
　ご出欠をお知らせください。

NOTAS

1 **Nos uniremos en matrimonio**：unirse en matrimonio ＝ casarse, contraer matrimonio con ＋人「結婚する」
2 **nos acompañaseis**：acompañar a ＋人「…に付き添う→同席する、参列する」
3 **Almuerzo**：ここでは「結婚式のあとの（昼間の）パーティー」の意。

4.16 招待をありがたくお受けします

Recibo con alegría vuestra cariñosa invitación a la ceremonia de vuestra boda.
Os expreso mi agradecimiento.
Deseo de todo corazón veros y estar con vosotros.
Recibid un fuerte abrazo de vuestro amigo,

　　　　　　　　　　　　　　　　　　　　　Takashi

結婚式への心のこもったご招待に対しまして喜びをもってお受けさせていただきます。
（ご招待）感謝申し上げます。
お二人にお会いできて、ご一緒できますことを心から楽しみにしています。
　あなたたちの友人の隆より

4.17 双方の両親が出す結婚式と披露宴への招待状

Ignacio González Ochoa   Domingo Moreno Gómez
Amalia Cristóbal García   Matilde Fuentes Blanco

participan el matrimonio de sus hijos

Carmen y Julio

Y se complacen en invitarle a la ceremonia que se celebrará el día veintidós de febrero, a las trece horas, en la Iglesia parroquial de San Pablo, Ctra. de La Coruña Km. 10[1], dignándose[2] impartir[3] la Bendición Nupcial el Reverendo Padre José Luis Martínez Pérez.

Orense, enero de 20XX

私共、ゴンサレス=クリストバル夫妻とモレノ=フエンテス夫妻は、来る2月22日13時に聖パウロ教区教会（ラ・コルーニャ街道10km）にてホセ・ルイス・マルティネス・ペレス神父司式によりとり行われる娘カルメンと息子フリオの結婚式にご招待申し上げます。

NOTAS

1 **Ctra. de La Coruña Km. 10**：このように道路は、起点から測った距離によって位置が示され、直接、地名になることがあります（Ctra. = carretera）。
   ej. El domicilio del convento de los padres dominicos es en la *Carretera de Burgos, Km. 18, Madrid.*（ドミニコ会修道院の住所は、マドリード、ブルゴス街道18キロです）

2 **dignándose**：dignarse ＋不定詞で敬語「…してくださる」。
   ej. El jefe *se dignó aceptar* nuestra invitación.（上司が私たちの招待を受けてくれました）

3 **impartir**：「(祝福を) 授ける」。Bendición Nupcial は「婚礼の祝福」
   cf. galas nupciales「ウエディングドレス」、banquete nupcial「披露宴」

4.18 結婚の通知状

José María Rodríguez Sánchez
Aiko Suzuki
　Se complacen[1] en comunicarles su enlace matrimonial, celebrado el pasado siete de agosto, en el Juzgado[2] número 3 de Cuenca, calle Fray Luis de León, 12, y les ofrecen su domicilio[3].
　Arena, 123, 4°-3ª, tel. 444-55 88　Madrid 28001

ホセ・マリア・ロドリゲス・サンチェスと鈴木愛子の両人は、8月7日に、クエンカ県第三裁判所(フライ・ルイス・デ・レオン通り12番地)にて結婚式をあげ、下記に住所を定めました。謹んでお知らせいたします。

NOTAS

1　**Se complacen**：例文4.14や4.15と異なり、ここでは3人称で書かれています。よりフォーマルな印象を与えます。
2　**Juzgado**：裁判所に必要書類を提出し、婚姻を届けるのが民法上の結婚式 ceremonia civil といわれ、教会でとりおこなわれる結婚式 ceremonia religiosa と区別されます。
3　**les ofrecen su domicilio**：ofrecer は「申し出る、提供する」ですが、ここでは「(住所を)知らせる」の意。

4.19 講演会への招待

El Director
del Instituto de Estudios Islámicos tiene el honor de invitarle
a la conferencia que pronunciará el

Dr. Miguel Cruz Hernández,
Catedrático de la Universidad Autónoma de Madrid

Sobre el tema:
"EL PENSAMIENTO FILOSÓFICO ARÁBIGO - ANDALUSÍ"
el jueves, 5 de noviembre, a las 20 horas, en la sede del Instituto.

講演会
以下の要領で講演会を開きたく謹んでご招待申し上げます。
講師：マドリード自治大学教授
ミゲル・クルス・エルナンデス博士
テーマ：「イスラム支配下のアンダルシアにおける哲学思想」
日時：11月5日（木）午後8時
研究所本部にて

表現集

- [ ] ¡Qué alegría recibir tu carta! Espero y deseo que seáis (los dos) muy felices.
  あなたのお手紙とってもうれしかったです。お二人のお幸せをお祈りしています。
- [ ] No sabes la alegría que me ha causado recibir tu carta.
  あなたからのお手紙、とってもうれしく思っています。
- [ ] No podéis imaginar la ilusión con que leímos vuestra carta.
  あなたたちの手紙を読んでどんなにうれしかったことでしょうか。
- [ ] Agradezco mucho la gentileza que han tenido en invitarnos.
  私たちをご招待くださり、心から感謝申し上げます。
- [ ] Agradezco la invitación que me ha dirigido con fecha de ayer.
  昨日はご招待状を送っていただきありがとうございます。
- [ ] Agradecemos muchísimo vuestra invitación y podéis contar con nosotros, si Dios quiere.
  招待状たいへんありがとう。ぜひ出席させていただきます。(contar con「数に入れる」、si Dios quiere「うまく行けば、事情が許せば」)
- [ ] Agradecemos muchísimo vuestra invitación y no podéis imaginar cuánto sentimos no poder aceptarla.
  ご招待たいへんありがとう。ほんとうに残念ですがお受けすることができません。
- [ ] Agradezco muchísimo su invitación, pero temo que nos será del todo imposible cenar con ustedes el próximo sábado, ya que desde hace varios días teníamos proyectada una salida de la ciudad para este fin de semana.
  ご招待まことにありがとうございます。次の土曜日、夕食をともにさせていただくことができないのではと思います。と申しますのは、しばらく前から今週末に市外に出かける計画をしていましたので。
- [ ] Nos complacería muchísimo que aceptara cenar en casa el próximo sábado día 9.
  来たる9日土曜日、当家に夕食に来ていただければまことに幸甚です。
- [ ] Nos alegró mucho recibir noticias vuestras, pero lamentamos no poder aceptar vuestra invitación para el próximo sábado por coincidir con el cumpleaños de la madre de José.
  お便りたいへんありがとう。申し訳ありませんが、この次の土曜日はホセのお

母さんの誕生日で、ご招待をお受けできなくてとても残念です。

☐ Os agradecemos infinito vuestro recuerdo e invitación y ¡cuantísimo sentimos no poder acompañaros!
気にかけて招待状までいただきどうもありがとう。ごいっしょできなくてとても残念です。

☐ Sería para mí un gran placer aceptar su atenta invitación, pero desgraciadamente un compromiso anterior me priva esta vez de tan grata satisfacción.
ご丁重な招待まことにありがたくお受けしたいのですが、先約があり、今回はたいへん残念ですが失礼いたします。

☐ Os anunciamos que contraeremos matrimonio el día 15 de agosto.
私どもは8月15日に結婚することをお知らせいたします。

☐ Nos complacemos en anunciarle nuestra próxima boda en la Iglesia de Yotsuya.
四谷教会における私たちの結婚式をお知らせさせていただきます。

5　問い合わせる、申し込む

■ ■ ■ ■ ■ ■ ■ ■ ■ ■ ■

　旅行先で限られた時間を最大限に活用しようと思えば、何よりも出かける前の情報集めが大切になります。観光案内所（Oficina de Turismo）へ問い合わせてホテルの住所を知ることができれば、メールやファックスを使って自分で予約を入れることもできます。

　また、留学を考えている人の場合には、大学名だけでなく、どんな教授がいてどの分野に特色があるかを事前にできるかぎり調べることが大切です。留学途中でいろいろ思い悩んでいては、あっという間に帰国の時がやって来てしまいます。その意味では、留学は国内にいる時から、すでに始まっているとも言えるのではないでしょうか。

　一般に資料請求のメールや手紙を出してから返事が届くまでに一定の時間を要することが考えられます。お願いする側の礼儀としては、なるべく丁重な文面を早めに出すことでしょう。

5.1 メールは届いていますか

> Asunto: Si te ha llegado mi e-mail
>
> Querido amigo:
> Me gustaría[1] preguntarte si te ha llegado el e-mail que envié con fecha del 3 de abril.
> Cada vez que[2] abro mi ordenador, busco tu nuevo e-mail, pero aún no lo encuentro.
> Para asegurarme, te envío de nuevo mi e-mail del 3 de abril.
> Espero que mi e-mail te llegue bien.
> Cordialmente,
> Mariko

4月3日付で送った私のメールは届いていますか？
コンピューターを開くたびにあなたからの新しいメールを探しますが、いまだに見当たりません。
念のため、4月3日付の私のメールを再送しておきます。
私のメールが確実にあなたに届きますように。

NOTAS

1. **Me gustaría** ... :「…したいのですが」。丁寧な表現として相手に訪ねるときに使います。
   ej. *Me gustaría* saber si tus padres van a llegar a la estación de Cáceres mañana.（あなたの両親は明日カセレス駅に到着されますか知りたいのですが）

2. **Cada vez que** ... :「…する度に」
   ej. *Cada vez que* visito Madrid, paso por las librerías de segunda mano.（マドリードに行くたびに、古書店巡りをします）

5.2 プログラムを送ってください

Asunto: Ruego me envíen el programa

Estimado Señor[1]:
Me llamo Taro Yamakawa, estudiante japonés.
He estudiado español 2 años en una academia de idiomas en Japón.
Pienso ampliar mis conocimientos de[2] la lengua española en España.
Quisiera que me enviaran información sobre los programas de los cursos de verano[3] que ofrece la Universidad.
Necesito también la información sobre el alojamiento.
Atentamente,
Taro Yamakawa

私は山川太郎という、日本人学生です。
日本の語学学校でスペイン語を 2 年間勉強してきました。
スペインでもっとスペイン語の勉強をしたいと思っています。
貴大学で開かれる夏期コースの授業内容について情報を送ってください。
住居についても情報をお願いします。

NOTAS

1 学校等に留学情報を依頼する場合、相手に対して Estimado Señor: (担当者様) で呼びかけ、文の主語は usted (3 人称単数扱い) とします。

2 **ampliar mis conocimientos de** ...:「…の知識を広げる」が原意。そのほか「留学する」は、「ir a 国名＋ a estudiar ＋科目名」でも表現できます：Pienso *ir a* Perú *a estudiar* antropología.（文化人類学を学びにペルー留学を考えています）

3 *cf.* los cursos de primavera「春期のコース」、los programas del curso general「通年コースのプログラム」

5.3 入学許可証について

Asunto: Sobre la admisión

Muy Señor Mío:
Deseo inscribirme en el curso general de Lengua y Cultura Españolas que su Centro de Idiomas ofrece para 20XX-20XX. Para solicitar el visado de estudiante me hace falta obtener la admisión por parte del Centro.
¿Podría[1] indicarme por e-mail la documentación necesaria para obtener la admisión?
En cuanto[2] le lleguen mis documentos, por favor, envíemela por FedEx[3].
Quedo a la espera de su e-mail.
Seika Nishi

20XX-20XX年度に貴言語センターが開設する通年コースに申し込むことを考えています。
私は、学生ビザを申請するために貴センターからの入学許可証を必要としています。
入学許可証を入手するために必要な書類をメールで教えてください。
私からの書類が着きましたら、入学許可証をFedExで送ってください。
メールをお待ちしています。

NOTAS

1 学校等に依頼のメールを書くときは、相手に対してusted（担当者様）で呼びかけます。
2 **En cuanto** ＋接続法：「…するとすぐに」
   ej. Haga el favor de avisarnos *en cuanto* reciba mi e-mail.（私のメールを受け取られたらすぐにご連絡ください）
3 *cf.* por correo aéreo「航空便で」

5.4 商品が届きません

Asunto: No ha llegado el artículo

Estimado Señor[1]:
Aún no ha llegado a mi casa el artículo que compré en su Gran Almacén[2] en Madrid.
Se trata de[3] una figura de porcelana hecha en Valencia.
La compré el día 19 de agosto y pagué en euros el artículo y el correo.
Me dijeron que llegaría a mi domicilio una semana después. Ruego que verifique la copia del recibo de mi compra que le envío en formato electrónico PDF.
Atentamente,
Kazuo Suzuki

マドリードの貴デパートで購入した土産物がいまもって届きません。
買ったものはバレンシア産の陶器人形です。
8月19日に買い、商品代と郵送料をユーロで支払いました。
1週間で自宅に届くとの説明を受けました。
領収書のコピーをPDF形式で送りますので調べてくださいますようお願いします。
よろしくお願いします。

NOTAS

1 デパート等への依頼のメールでは、相手に対して usted（担当者様）で呼びかけます。
2 *cf.* Aún no me ha llegado el libro que compré en su Librería WEB.（貴WEB書店で購入した本がまだ届いていません）
3 **Se trata de** ... :「ここでの問題は…です」。*cf.* ¿*De* qué *se trata*?（問題は何ですか？）

5.5 友人にホテルの住所を問い合わせる

Estimado amigo:

　Tengo proyectado un viaje[1] para hacer unos estudios en la Biblioteca Nacional de Madrid el próximo mes de mayo. Te agradecería[2] muchísimo si me pudieras proveer de[3] direcciones de algunos hoteles y restaurantes no muy caros, próximos a la Biblioteca.

　Mil gracias por anticipado[4].

　Un abrazo amistoso,

K. Yoshino

マドリードの国立図書館で研究のため、来る5月に旅行を計画しています。国立図書館の近くで、あまり高くないホテルとレストランの住所を教えてくださったらありがたく思います。

NOTAS

1 **Tengo proyectado un viaje**：tener＋過去分詞＋目的語「…してある」（過去分詞は目的語と性数一致）
   ej. Tengo entendido que el problema no es fácil.（その問題が簡単ではないことはわかっている）
2 **agradecería**：agradecerの過去未来形で、婉曲的な表現。
3 **proveer de ...**：「…を供給する、与える」
4 **Mil gracias por anticipado**：「前もってお礼申し上げます」。依頼状の末尾の決まり文句の一つ。

5.6 観光案内所に問い合わせる

Muy Sr. mío:

　A finales de este año pasaré dos semanas en Lérida, y le estaría muy agradecido si pudiese informarme de lo siguiente;

　　1) ¿Sería posible encontrar alguna familia que me acogiera[1] en régimen de pensión completa[2]? Si es así, ¿podría enviarme su dirección?

　　2) ¿Es fácil desplazarse desde ahí a algún lugar en donde se pueda esquiar y a qué precio[3] se pueden alquilar los esquíes?

　　Esperando su respuesta y dándole las gracias de antemano[4] por todo, le queda suya afma.[5]

Machiko Ogawa

年末に2週間レリダを訪れようと思います。つきましては次の資料を送っていただければありがたく存じます。

1) 3食付きでホームステイできるところがありますか？ もしあれば、その住所を送っていただけますか？

2) そこからどこかスキーができそうな所へ簡単に行けますか？ スキーを借りるとするといくらくらいですか？

お返事をお待ちしています。

NOTAS

1　**me acogiera**：acoger a ＋人「…を迎え入れる、引き受ける」
2　**en régimen de pensión completa**：en régimen de ...「…の方式で」。pensión completa は「3食付き宿泊」。
　 cf. media pensión「2食付き宿泊」、en régimen de solo dormir「素泊まりで」
3　**a qué precio**：「値段はいくらで」
4　**dándole las gracias de antemano**：「あらかじめお礼を申し上げつつ」。依頼状の末尾の決まり文句の一つ。
5　**suya afma.**：＝ suya afectísima. 主語と性数が一致します。

5.7 観光局にパンフレットを頼む

Muy Sr. mío:

¿Tendría la amabilidad de[1] enviarme la guía de hoteles de España para el año próximo, así como folletos de las fotos regionales, festivales de música, etc.? Le adjunto vales respuesta internacional.

Con mi más profundo agradecimiento reciba un saludo afectuoso.

Shogo Sakai

来年度用のスペインのホテルガイドならびに地方の写真や音楽祭などのパンフレットを送っていただけないでしょうか。国際返信切手券を同封いたします。

NOTAS

1 **Tendría la amabilidad de**：tener la amabilidad de ＋不定詞「（親切にも）…してくださる」
 ej. Tuvieron la amabilidad de llevarnos a la Sagrada Familia.（彼らはわざわざ私たちをサグラダ・ファミリア教会にまで連れていってくれた）

5.8 講座のプログラム送付を頼む

Distinguido Sr. Director:

Desearía inscribirme en[1] los cursos de español para extranjeros que organiza la Universidad Pontificia de Salamanca durante el verano. ¿Podría enviarme por avión, por favor, el programa de dichos cursos, así como la dirección de algunos hoteles de tres estrellas[2]?

Dentro le envío un sobre con mi dirección y vales respuesta internacional. Muy agradecida[3] de antemano por su amabilidad, le saluda atentamente.

Mana Suzuki

夏にサラマンカ・カトリック大学で行なわれる外国人学生のためのスペイン語講座に申し込みたく思います。講座のプログラムと3つ星ホテルの住所を航空便でお送り願えないでしょうか。

私の住所を書いた封筒と国際返信切手券を同封いたします。

NOTAS

1 **inscribirme en**：inscribirse en ...「…に申し込む、登録する」
2 **hoteles de tres estrellas**：スペインでは、ホテルは1〜5の星でランク付けされています。
3 **Muy agradecida**：agradecida は主語（この文では女性 Mana）の性数に一致。

5.9 アポイントメントを取る

Distinguido señor:

Como le dijo mi amigo Feliciano García en su carta, yo soy Yasuyuki Aratani y acabo de ser trasladado[1] al Banco de Tokio de Madrid.

Le agradecería mucho me concediera[2] una entrevista el día y la hora que más le convengan[3], pues necesito verle para unos asuntos.

Esperando tener el placer de[4] encontrarle próximamente, permítame expresarle mis más respetuosos saludos.

　　　　　　　　　　　　　　　　　　　　　　　　Yasuyuki Aratani

友人のフェリシアーノ・ガルシアさんがお便りしましたように、私、新谷康幸はこの度東京銀行マドリード支店に着任いたしました。

ぜひともお会いいただきたい用件がありますので、もっともご都合のよい日時に面談の機会をお与えくださればまことに幸甚です。

NOTAS

1 **ser trasladado**：「転勤・配属を命じられた」の意（← trasladar）。
2 **Les agradecería mucho me concediera**：agradecería mucho の後に接続詞 que

が省略されています。

3 **el día y la hora que más le convengan**（← convenir）：「あなたにとってもっとも都合のよさそうな日時に」
4 **tener el placer de** ＋不定詞：「…することをうれしく思います」

5.10 ビザ更新を申し込む

Muy Sr. mío:

　La abajo firmante, Ayaka Nakashima, nacida el 1 de mayo de 1990 en Mie (Japón), solicita de su amabilidad[1] la renovación de su visa de estudiante para un año más, desde el 1 de abril de 20XX, ya que la actual[2] expira[3] el 31 de marzo de este mismo año.

　Desea obtener esta visa a fin de terminar su tesis de Licenciatura sobre Antonio Machado dirigida por el Profesor Andrés Fernández.

　Muy atentamente,

　　　　　　　　　　　　　　　　　　　　　　　　Ayaka Nakashima

　下に署名します中島綾香（1990年5月1日　三重県生まれ）は、20XX年3月31日に失効になります学生ビザを20XX年4月1日から一年間更新してくださいますようお願い申し上げます。

　このビザを必要とします理由としては、目下、アンドレス・フェルナンデス教授のもとで進めていますアントニオ・マチャドについての修士論文を完成するためです。

NOTAS

1 **solicita de su amabilidad**：solicitar de su amabilidad ＋目的語「あなたのご親切に…を求める、申請する」
2 **la actual**：＝ la visa actual
3 **expira**（← expirar）：「期限が切れる、満期になる」

5.11 求人広告に応募する

Distinguida señora:

He visto en el periódico ABC su anuncio ofreciendo habitación a cambio de[1] ayuda en los trabajos de la casa, y estoy interesada en ello[2].

Soy japonesa, tengo veintitrés años y quisiera perfeccionar[3] mi español viviendo en una familia española. A cambio de mi alojamiento podría ayudar en los trabajos domésticos, según las condiciones descritas en el anuncio del periódico. Estaría allí a partir de abril próximo.

Esperando su respuesta con mucha ilusión[4], la saluda atentamente.

Yoko Oguchi

「ABC」紙にて、家庭内での仕事を助ける代わりに部屋を提供するとのあなたの広告を見ました。私はその広告内容について詳しく知りたく思います。

私は日本人女性で、年齢は23歳です。スペイン人家庭に住んでスペイン語に磨きをかけられればと思います。新聞広告の記載条件にありますように、私にお部屋を貸していただく代わりに家庭内の仕事をお手伝いできればと思います。この4月からそちらにうかがうことができます。

NOTAS

1 **a cambio de**：「…と引き換えに」
2 **ello**：前の文にある引き換え条件を指します。
3 **perfeccionar**：「完全なものとする」。*cf.* ampliar「(知識を) 広げる」
4 **con mucha ilusión**：「大いに期待して」

5.12 大使館に問い合わせる

Señor Consejero Cultural:

Me he tomado la libertad de[1] dirigirme a usted para pedirle una información muy particular.

Primeramente permítame presentarme: me llamo Mami Okada y soy estudiante del curso de doctorado en la Universidad de Tokio. Como el tema de mi estudio es sobre el gallego, le agradecería que me informara si hay en Japón algún español o española que hable esta lengua. En caso afirmativo[2], ¿podría presentame a esa persona?

Le pido perdón por las molestias que pudiera causarle esta petición[3] y le doy las gracias de antemano por su amabilidad.

Suya afectma[4].

　　　　　　　　　　　　　　　　　　　　　　　　Mami Okada

特殊な情報を求めてお手紙させていただきます。

　まず自己紹介させていただきますと、私は岡田真美といい、東京大学の博士課程に在学しています。私の研究テーマがガリシア語でありますことから、日本にこの言語を話すスペイン人男性または女性がおられるかどうか教えていただければ幸いです。もしそのような方がおられましたら、ご紹介いただければと思います。

　前もってご迷惑におわびを、ご親切にお礼を申し上げます。

NOTAS

1　**Me he tomado**（← tomarse）**la libertad de** ＋不定詞：「…させていただきます」
2　**En caso afirmativo**：「もしそのようならば」
　cf. en caso negativo「もしそうでないならば」
3　**las molestias que pudiera causarle esta petición**：「このお願いがあなたに引き起こすかもしれないご迷惑」
4　**Suya afectma.**：＝ Suya afectísima「敬具」。主語に性数が一致。

5.13 新聞の購読を申し込む

Sr. Director:

Deseo suscribirme a[1] EL PAÍS por el período de[2] un año, a partir del 1 de abril de 20XX. Efectúo el pago con mi tarjeta de crédito.

Muy atentamente,

Akio Ito

20XX 年 4 月 1 日から 1 年間『エル・パイス』紙の購読を希望します。購読料はクレジット・カード払いとします。

NOTAS

1 **suscribirme a**：suscribirse a ...「…の購読契約をする」
2 **por el período de** ... :「…の期間」

5.14 ホテルに予約を申し込む

Sr. Director:

Le agradecería que me reservara[1] dos habitaciones para el período del 2 al 15 de julio próximo. Una habitación doble y otra sencilla.

Por otra parte, ya que el viaje lo realizaré en coche, existe la posibilidad de que llegue al hotel avanzada la noche[2], rogándole tenga en cuenta este hecho y nos guarde la habitación hasta la hora de nuestra llegada.

Esperando su respuesta y muy agradecido por su atención.

S. Takeda

来たる 7 月 2 日から 15 日まで 2 部屋を予約させていただきたく思います。1 部屋はツインでもう一つはシングルです。

また、車で旅行するつもりなので、ホテルに着くのが夜遅くなる可能性があります。そのことを考慮していただき、私たちが到着するまで部屋をとっておいてください。

NOTAS

1 **Le agradecería que me reservara**：「予約を確認していただきたい」は、Le agradecería que me confirmada la reserva de dos habitaciones para ....
2 **avanzada la noche**：「夜が進んで→夜がふけて」
 cf. bien entrada la noche「深夜に」、poco entrada la noche「宵の口に」

5.15 本を注文する

Muy señor mío:
　He visto su anuncio aparecido en el periódico LA VANGUARDIA del 20 de enero pasado, y quisiera encargar el primer tomo de las Obras Completas de Benito Pérez-Galdós.
　Según el texto del anuncio, se entiende que[1], en el caso de no estar satisfecho con el envío[2], le devolveré este primer volumen en el período de 3 semanas desde la recepción del mismo.
　Dándole las gracias por anticipado, queda suyo afmo.

　　　　　　　　　　　　　　　　　　　　　　　　Sota Mori

　去る1月20日付けのラ・バングアルディア紙に掲載された貴社の広告を見ました。『ベニト・ペレス・ガルドス全集』の第1巻を注文します。
　広告文によれば、本に納得できない場合には、本の受取りから3週間以内にその第1巻を返送できるということで承知しています。

NOTAS

1 **se entiende que**：「…と理解される」
 ej. Se entiende que Antonio le reemplazará.（アントニオが彼の代わりをつとめることで了解されている）
2 **envío**：「発送荷物」の意で、ここでは本のこと。

5.16 出版社に絶版かどうか問い合わせる

Muy señor mío:

　He buscado en varias librerías de Tokio un libro: Sobre los ángeles, editado por ustedes hace ya varios años de Rafael Alberti. Desgraciadamente aún no he podido encontrarlo. ¿Sería que[1] está agotado?

　Si es éste el caso, ¿sería usted tan amable de[2] indicarme dónde lo podría obtener?

　Dándole las gracias por anticipado, le queda suya afma.

T. Sugiyama

　貴社から数年前に出ましたラファエル・アルベルティ著『天使について』を東京の書店で探していますが、残念ながら見つけるにいたっておりません。絶版なのでしょうか？

　もしそうでしたら、まことに恐れ入りますが、どこで手に入れることができるか教えていただけますか。

NOTAS

1 **¿Sería que ...?**：Es que は理由の説明「…というのである」。sería は ser の過去未来形で、現在についての婉曲的表現。

2 **¿sería usted tan amable de ＋不定詞？**：「恐れ入りますが…していただけますか」

表現集

☐ Le ruego que me envíe programa de cursos de verano (cursos generales, cursos intensivos) que ofrece la Universidad de Málaga y una lista de hoteles de media clase y la de casas particulares.
　貴マラガ大学で開催される夏期コース（通年コース、集中コース）と中クラスのホテルと下宿の住所リストをお送りくださるようお願い申し上げます。

☐ Pienso inscribirme en uno de los cursos intensivos de lengua y cultura españolas que ofrece para el año 20XX su Universidad. Desearía que me enviase por avión el folleto detallado.
　貴大学で20XX年に催されるスペイン語圏の言語・文化に関する集中講義に申し込みたいと考えておりますので、詳細な講義要項を航空便でお送りいただきたくよろしくお願いいたします。

☐ Para la obtención de la visa necesito el permiso de inscripción (el permiso provisional) que expide su Universidad. Le rogaría me lo mandase en cuanto le llegue el derecho de inscripción.
　ビザを申請するため貴大学発行の入学許可書（仮入学許可書）が必要です。入学予約金が届き次第お送りくださいますようお願いいたします。

☐ Quisiera recibir clases particulares de español en su Academia. Desearía que me mandase por correo electrónico las condiciones de clases.
　貴学院でスペイン語のプライベートレッスンを受けたく思います。授業の諸条件についてメールでお知らせください。

☐ Adjunto le mando el vale respuesta internacional y el sobre con mi dirección.
　国際返信切手券と私の住所記載の封筒を同封してお送りします。

☐ ¿Podría enviarme la lista de hoteles de Barcelona para el año 20XX?
　20XX年度用のバルセロナのホテルリストをお送りいただけないでしょうか。

☐ Le ruego que me mande el catálogo más reciente de su editorial.
　貴出版社の最新カタログをお送りくださるようお願いいたします。

☐ Estoy buscando el volumen 5 de las Obras Completas de Miguel de Unamuno. Si usted lo tiene, quisiera que me mandase el precio y el estado del libro.
　『ミゲル・デ・ウナムーノ全集』の第5巻を探しています。貴書店に在庫があり

ましたら、本の値段と状態についてお知らせください。

☐ Quiero suscribirme a su revista CAMBIO 16 a partir del primer número del año que viene por espacio de un año. Domiciliaré los pagos en el Banco de Sakura en Madrid.
　『CAMBIO 16』誌を来年の第1号から1年間購読申し込みます。支払いはさくら銀行マドリード支店からの引き落としとします。

☐ La que suscribe, Yuko Hirano, nacida el 1 de septiembre de 1995, solicita un visado de estudiante.
　下記署名の平野裕子(1995年9月1日生まれ)は、学生用ビザを申請いたします。

6 頼む

「お返事ください」に始まり、「この人を助けてあげてください」等々、人に何かを頼むことは、それが自分だけのためではないとしてもなかなかに難しいことです。簡単にメールや電話で解決する場合も多々ありますが、複雑な事柄であったり、もしかして相手がこちら側の頼みを断ることも想定される場合など、やはり手紙を用いることが良いのではないでしょうか。文面はできるだけ丁寧な表現を使い、相手の立場をよく考慮して書くことが大切でしょう。

6.1 アドバイスをお願いします

Asunto: Necesito tus consejos

Querido amigo:[1]
Mi sueño es hacer una peregrinación[2] a Santiago.
Estoy planeando tomar vacaciones de tres semanas en el verano del año que viene.
Me gustaría pedirte un favor.
Quisiera que me dieras tu consejo a la hora de hacer mi plan de viaje.
Espero recibir tu respuesta.
Konomi

私の夢はサンティアゴ巡礼をすることです。
来年、夏に3週間の休みを取る計画をしています。
あなたにお願いがあります。
私が旅行プランを立てるときに、アドバイスをお願いします。
お返事を待っています。

NOTAS

1 旅行代理店等に宛てた場合、相手を usted（3人称単数扱い）として、例文の後半を次のように書き換えます：
Estimado Señor: ... Me gustaría pedir*le* un favor. Quisiera que me *diera su* consejo a la hora de hacer mi plan de viaje. Espero recibir *su* respuesta. Konomi Hoshi
（お願いがあります。私が旅行プランを立てるときに、アドバイスをお願いします。お返事をお待ちしています）

2 *cf.* hacer una visita a ...「…を訪問する」、hacer una excursión a ...「…へ遠足にいく」

6.2 お願い、飛行場まで来てください

Asunto: Por favor, búscame en el aeropuerto

Querido amigo:[1]
Pasado mañana salgo para Barcelona.
Me dirijo de nuevo a[2] ti, vía mail, para confirmar si vas a recogerme al aeropuerto.
Te recuerdo los datos de mi llegada:
Será el día 3 de marzo, a las 09.55 h, al Aeropuerto Internacional de Barcelona-El Prat, en el vuelo IBERIA 432, procedente de Frankfurt.
Gracias por tu amabilidad y hospitalidad.
Un abrazo,
Tomio

明後日、バルセロナに向けて発ちます。
飛行場に出迎えてもらえるか確認のため、もう一度メールを送ります。
私の到着便はつぎの通りです：
私の到着時刻は、3月3日9時55分、フランクフルト経由、バルセロナ・エル・プラット国際空港着、IBERIA 432 便です。
君の親切と厚意に感謝します。

NOTAS

1 旅行代理店等に宛てた場合、相手を usted（3人称単数扱い）として、例文を次のように書き換えます：
Estimado Señor: ... Me dirijo de nuevo a *usted*, vía mail, para confirmar si（usted）*va* a recogerme al aeropuerto. *Le* recuerdo los datos de mi llegada: ... Gracias por *su* amabilidad y hospitalidad. Tomio Yamakawa

2 **Me dirijo de nuevo a**: dirigirse a ＋人 は「…に便りを書く」の意。de nuevo は「再び」＝ nuevamente。

6.3 会いに来てください

> Asunto: Es posible venir a verme
>
> Querida amiga:[1]
> Se acerca ya el tiempo de mi viaje a España.
> Es mi primer viaje[2] a este país.
> Llegaré a Madrid, Aeropuerto Internacional de Barajas el día 5 de mayo, a las 11.00 h.
> Perdón por la molestia, pero quisiera que vinieses a verme al Hotel Palace, hacia las 11.00 h del día siguiente, jueves 6.
> Te agradezco de antemano tu amabilidad.
> Mitsuko

スペインへの旅行の日が近づいてきました。
私にとって初めてのスペイン旅行です。
5月5日午前11時00分にマドリード、バラハス国際空港に到着します。
申し訳ありませんが、翌日6日木曜日の11時頃にパレスホテルに会いに来てくだされればと思います。
あなたの親切に前もって感謝します。

NOTAS

1 例えば、仕事関係の人や初対面の人の場合、相手を usted（3人称単数扱い）として、例文を次のように書き換えることができます：
Estimado Señor: ... Perdón por la molestia, pero quisiera que *viniese* a verme al Hotel Plaza, hacia las 11.00 h del día siguiente, jueves 6. *Le* agradezco de antemano por *su* amabilidad.　Mitsuko Matsuda

2 *cf.* Viajo a España por primera vez. / Es la primera vez que viajo a España.（スペインに初めて旅行します）

6.4 友人がセビリアに行きます

Asunto: Llegada de mi amiga a Sevilla

Querida amiga:
Te envío la dirección de e-mail[1] y el número de teléfono móvil de mi amiga Fumika.
Ella estará en Sevilla, en el Hotel Meliá, el 30 de noviembre y el 1 de diciembre.
Me dijo Sayaka que querría encontrarse contigo[2] el 1 de diciembre.
¿Podrías mandarle un e-mail avisando de tu disponibilidad?
Mari Kato

私の友人、ふみかさんのメールアドレスと携帯電話の番号を送ります。
彼女は、11月30日と12月1日、セビリアのメリアホテルに滞在します。
12月1日にあなたに会うことができればと、私に言っていました。
あなたの時間の都合を書いて、彼女にメールを送ってくださいますか。

NOTAS

1. **dirección de e-mail**：＝ domicilio de e-mail「メールアドレス」
2. **encontrarse contigo**（← con ＋ ti）：「出会う、会う」
   ej. Dice Akiko que quiere *encontrarse con* su amiga Carmen en un bar del Barrio Gótico.（明子さんは彼女の友人のカルメンさんとゴシック地区のどこかのバルで会いたいと言ってます）

6.5 手紙をください（1）

¡Hola, Hitomi!

Te escribo para saber por qué ya no contestas a mis cartas. Ya sé que hace tiempo que yo tampoco escribo, pero con los exámenes no he tenido tiempo.

Después de recibir tu última carta yo te mandé dos, pero sin contestación[1]. Espero que me puedas explicar por qué. Si hubiese cualquier causa[2] por la cual no quieres seguir con esta correspondencia, por favor, escríbeme comunicándomelo.

Andrés

どうしてもう君がぼくに返事をくれないのか知りたくて、手紙を書いています。ぼくも長い間手紙を書いていないのですが、試験のために時間がなかったのです。

君の最後の手紙を受け取ってから、ぼくは2通出しましたが、なしのつぶて、どうしてなのか、その理由を説明してください。この文通を続けたくない理由があるのならば、どうかぼくに言ってきてください。

NOTAS

1 **sin contestación**：「返事がない」
2 **Si hubiese cualquier causa**：si ＋接続法過去で現在の非現実を表します。「（ないと思いますが）何らかの理由があるとすれば」

6.6 手紙をください（2）

Querido amigo:

Ramón, solo te escribo para pedirte que por favor no tardes tanto en escribir. Pensarás que soy una pesada, pero es que hace ya dos meses que no sé nada de ti[1]. Comprendo que con tu trabajo no tengas mucho tiempo, pero al menos escribe de vez en cuando porque a veces pienso que ya no quieres seguir comunicándote conmigo.

　　Esperando tu contestación se despide tu amiga[2],

Estevez

ラモン、お願いですから返事を書くのにあまり手間取らないで下さい。たぶん、あなたは私のことをうっとうしい女だと思うでしょう。でも、もう2か月もあなたからの音信がありません。仕事であまり時間がないであろうことはわかっていますが、せめて時にはください。でないと、もうあなたは私に手紙を書きたがっていない、なんて考えてしまいますから。

NOTAS

1　**no sé nada de ti**：「あなたからの便りがありません」の意。
2　**se despide tu amiga**：手紙の結語としてよく使われる言い方で、主語は手紙の書き手 (tu amiga) です。
　　ej. Se despide su antiguo alumno por hoy.（今日はこれにて失礼します、昔の教え子より）

6.7 伝言を頼む

Mi muy estimada Señora:

　　Le comunico, para que lo transmita[1] a su autor, que el Sr. José Sánchez me ha dicho que la obra se va a imprimir en cuanto reciba[2] los manuscritos.

　　Mil saludos para él y un recuerdo para usted de este su afmo.

J. L. Fuertes

原稿を受け取り次第、作品の印刷が開始されるとのこと、ホセ・サンチェス氏が私に連絡をくださいました。その旨、著者にお伝えください。

> **NOTAS**

1 **lo transmita**：lo は中性代名詞、que el Sr. ... 以下の内容全体を指します。
2 **en cuanto reciba**：en cuanto ＋接続法「…しだい」。＋接続法は内容が未来に関係している時。*ej. En cuanto* esté mejor, le escribiré.（良くなりしだい、お便りします）。
 cf. Dije rápidamente *en cuanto* se marchó.（彼が出かけるとすぐ、すばやく私は言った）

6.8 電話をください（カード）

Mi buen amigo José:
 Intenté dos veces comunicar contigo[1] pero no lo conseguí[2]. Cuando tú puedas, me llamas. Tengo que hablarte de las gestiones que hice sobre el médico.
 Un abrazo,

 Jaime

二度、君と連絡をとろうとしたけれど、うまくいかなかった。時間ができたら私に電話をしてください。お医者さんに関して私がとった手続きのことで君に話さなければならないことがあります。

> **NOTAS**

1 **comunicar contigo**：comunicar con ＋人で「…と連絡をとる」
 ej. Comunicaron con ella por correo electrónico.（彼らはメールで彼女と連絡をとった）
2 **conseguí**（← conseguir）：「（努力の末に）達成する」
 ej. Por fin *conseguí* entrevistar al Ministro.（私はついに大臣に会うことができた）

6.9 コピーを頼む

Estimada amiga Fátima:
 Te agradecería que me enviases los apuntes que os ha dado en

clase el profesor Muñiz sobre "Comentarios filosóficos" para preparar el examen de Hermenéutica.

Creo que el examen versará sobre un comentario de Wittgenstein acerca de su "Tractatus" o el libro de S. Toulmin: "El puesto de la razón en ética".

Gracias por todo. Escríbeme lo antes que puedas y recibe un saludo,

Noboru

「解釈学」の試験のため、ムニス教授の「哲学的注解」の授業の講義録を送ってくれませんか。
試験では、ウィトゲンシュタイン著の『論理哲学論考』の分析か、トゥールミンの本『倫理における理性のあり方』が問題に出されると思うのですが。
できるだけ早く返事をください。

6.10 入学願い

Excmo. Sr.

El que suscribe[1], D. Makoto Suzaki, natural de Nagoya-shi (Japón), nacido el día 30 de agosto de 19XX, en Madrid, Paseo de Castellana, 125-6°-Izq., n.° de pasaporte QQ 1234567, a V. E.[2]

EXPONE: Que teniendo estudios suficientes tanto en Japón como en España a nivel de Licenciado[3] universitario, como justifica con los documentos adjuntos,

SOLICITA: ser admitido en los cursos de Doctorado para la

especialidad de Filología Hispánica en la Facultad de Filología de la Universidad de Madrid, al amparo del[4] Real Decreto Ley de 27 de Febrero de 19XX.

Es gracia que espero alcanzar de V. E. cuya vida guarde Dios.

Madrid, 1 de diciembre de 20XX

Fdo.[5] Makoto Suzaki

EXCMO. Y MAGCO[6] SR. RECTOR DE LA UNIVERSIDAD COMPLUTENSE. MADRID

以下に署名する須崎　誠、19XX 年 8 月 30 日、名古屋市（日本）生まれ、パスポート番号 QQ1234567、現住所マドリード市カステリャーナ通り 125 番 6 階左扉は、以下のことを表明します。

同封の書類で証明されるように、日本とスペインで大学修士相当の学業をおさめており、19XX 年 2 月 27 日付の法令により、マドリード大学文学部イスパニア文学科博士課程に入学を希望します。

NOTAS

1 **El que suscribe** ... :「（本状の終わりに）署名する…は」。女性の場合は *La* que suscribe ... となることに注意。
2 **V. E.**：Vuestra Excelencia「閣下」の略。
3 **Licenciado**：「修士号」。*cf.* Diplomado「学士号」、Doctorado「博士号」
4 **al amparo de** ... :「…に保護されて→…に基づいて」
5 **Fdo.**：Firmado「署名人」の略。
6 **MAGCO.**：Magnífico の略。大学の学長に用いられる敬称。

6.11 書類を整えてください

Querido amigo:

Al llevar los papeles a la Escuela me doy cuenta de[1] que faltan algunos datos: el lugar y la fecha de nacimiento de tus hijos.

Ayer y hoy te he llamado por teléfono a distintas horas[2] y no te encontré en casa, por esta causa te los envío por correo, para que los completes y lo antes posible me los envíes para entregarlos en la Secretaría de la Escuela.

Mi saludo afectuoso,

Masao

学校へ書類を持って行く時に、あなたの子供たちの出生地と生年月日などいくつかのデータが記入されていないのに気づきました。

昨日と今日、時間を変えて電話をしましたが、誰も家にいないので郵送することにしました。学校の秘書課に提出するので、書類を整えてできるだけ早く私に返送してください。

NOTAS

1 **me doy cuenta de**：darse cuenta de ...「…に気づく」
2 **a distintas horas**：「様々な時間に」

6.12 宣伝をしてください

Querido Colega:

Nosotros seguimos trabajando, como ya sabe, algunas veces hay más alumnos y otras menos; pero de todas maneras seguiremos luchando para que esta pequeña escuela vaya a más[1] y podamos algún día tener una buena "academia".

Como sabe estamos intentando hacer publicidad en distintos sitios del mundo. Le mandamos información más amplia sobre nuestros cursos para que, si hace el favor[2], pueda informar sobre nosotros a toda esa gente que esté interesada en estudiar japonés.

Un abrazo y hasta pronto,

Secretaria

あなたも知っているように、私たちは働き続けているわ。ある時は生徒数が多かったり、少なかったりもするけれど、とにかく、この小さな学校がより上手くいって、いつの日か、良い学院となるように奮闘しています。

また、私たちは世界中のいろいろな所で宣伝をしようと思っています。日本語の勉強に興味のある人たちに、私たちの学校のことを宣伝してもらえたらと思い、授業についての詳しい資料を送ります。よろしくお願いします。

NOTAS

1 **vaya a más**：ir a más「前進する」(＝ progresar) の意。ir a menos は「悪くなる」。 *ej.* Esta Escuela *ha ido a menos*.（この学校ははやらなくなっている）
2 **si hace el favor**：「(あなたが) できれば」。hacer el favor は「恩恵をほどこす」

表 現 集

- [ ] Quisiera que me prestaras un diccionario español-árabe.
  『スペイン語 - アラビア語』辞典を貸してもらえるとうれしいのですが。
- [ ] Le agradecería que me presentase un traductor simultáneo de español.
  スペイン語の同時通訳を紹介してくだされば幸いに存じます。
- [ ] ¿No podría usted pasar a limpio estos manuscritos antes de pasado mañana?
  明後日までにこの原稿を清書していただけないでしょうか。
- [ ] Me gustaría muchísimo que pudieses venir a pasar la Navidad conmigo, pues así podríamos hablar largo y tendido.
  クリスマスを私と一緒に過ごしに来てくれるとすごくうれしいのですが。だってそうすればいっぱいお話できるでしょうから。
- [ ] Esperando tener noticias suyas favorables, le saludo muy atentamente.
  色よいお便りをお待ちしつつ、敬具。(saludo [← saludar]：主語は一人称)
- [ ] Te ruego que si me lo envías lo hagas lo más pronto posible.
  できるだけ早くお送りいただきますようお願いいたします。
- [ ] Espero tenga a bien hacer en este asunto cuanto le sea posible.
  この件についてあなたにできることは何でもしてくださるようにお願いいたします。
- [ ] ¿Sería usted tan amable de prestarme su cámara?
  あなたのカメラを貸してくださいませんか。
- [ ] ¿No podría buscarme una habitación individual (doble) en un hotel de tres estrellas que esté cerca de la Plaza de España?
  スペイン広場近くの3つ星のホテルでシングル（ツイン）を一室探していただけないでしょうか。
- [ ] Espero de ustedes que nos ofrezcan un programa de turismo lleno de encantos.
  魅力いっぱいの観光プランを私たちのために出してくださいますように。
- [ ] Agradeciéndole de antemano por este asunto, se despide.
  前もってお礼を申し上げつつ、失礼いたします。(se despide：主語は3人称扱い)
- [ ] Transfiérase a su nuevo domicilio.
  転居先へ転送願います。(封筒に添記)

☐ Remítase a la siguiente dirección.
　　下記の住所へ転送願います。(封筒に添記)

☐ Se ruega reexpedir a la señorita Purificación Cabello.
　　プリフィカシオン・カベーリョさんへ転送されたし。

7 紹介する、推薦する

　「サラマンカに行くときは、ぜひこれを持って行きなさい」と渡してもらった紹介状のおかげで良い下宿先が簡単に見つかりました。恩師に書いてもらった推薦状のおかげで外国でも希望どおりの就職ができました。このような体験を持つ人が結構いるかも知れません。この章では、友人に、スペイン旅行に行く両親に美味しいレストランを薦めてください、と紹介をお願いするメールに始まって、一般に考えられる紹介・推薦の場面を集めてみました。

　一方で、人の輪を作る働きの裏側には、紹介や推薦をしたばかりにせっかくの友を失うこともあります。慎重な判断のもとに紹介状や推薦状を書くことも必要です。

7.1 レストランを紹介してください

Asunto: Preséntales restaurantes

Querido amigo:
Mis padres están a punto de[1] viajar a España.
Les encanta[2] la cocina española.
Te[3] ruego que en Valencia les lleves a un buen restaurante de marisquería.
Si fueras tan amable[4], indícales también cómo se piden los platos típicos de Valencia.
¡Un millón de gracias!
Saori

両親がスペイン旅行に出かけるところです。
二人はスペイン料理が大好きです。
バレンシア市内で美味しいシーフードレストランに案内してくださいますように。
できたら、バレンシアの代表的料理の注文の仕方も教えてください。
ありがとう！

NOTAS

1 **están** (← estar) **a punto de** ＋不定詞：「まさに…しようとしている」
   ej. Cuando llegué, él *estaba a punto de* marcharse.（私が着いた時、彼はまさに出かけようとしていた）

2 *cf.* Me gusta mucho la cocina española.（私はスペイン料理が大好きです）

3 旅行代理店等に宛てた場合、相手を usted（3人称単数扱い）として、例文を次のように書き換えます：
   Estimado Señor：... Le ruego que en Valencia les *lleve* a un buen restaurante de marisquería. Si *fuera* tan amable, *indíque*les también cómo se piden los platos típicos de Valencia.　　Saori Hayashi

4 **Si fueras tan amable**：「よろしかったら」を意味する慣用的表現。

7.2 ホームステイ先を紹介してください

Asunto: Ruego presentación de familia

Cursos Internacionales
Universidad de Granada

Estimado Señor:
Soy aquella japonesa, Ai Sato, que se inscribió en el curso de español que ofrece su Universidad.
Ayer me llegó por correo internacional el permiso de ingreso. Hoy me permito escribirle pidiéndole por favor que me presente algunas familias españolas.
Me gustaría que la casa estuviera a menos de media hora[1] de la universidad y que hubiera universitarias de mi edad.
Agradecería mucho que me presentara dos familias.
Un saludo cordial,
Ai Sato

貴大学のスペイン語コースに登録をした日本人の佐藤愛です。
昨日、入学許可証が国際郵便で届きました。
本日は、ホームステイ先の紹介をお願いしたくてメールを書いています。
私の希望としては、大学まで30分以内で通学できることと、私と同じくらいの年齢の女子大生がいる家庭です。
2軒の候補となる家庭を挙げてくださるとうれしく存じます。

NOTAS

1 「歩いて30分以内の所に」であれば、a menos de media hora a pie。「1時間以内の所に」であれば、a menos de una hora となります。

7.3 通訳を紹介してください

Asunto: Preséntame intérprete

Estimado Señor:
Soy Yutaka Kato, el encargado de sucursales en el extranjero de una compañía de Osaka.
Nuestra compañía va a abrir una sucursal en Madrid.
Estamos preparando para abrirla dentro de medio año[1].
Quisiera que me recomendase un/una intérprete[2] de calidad[3] del español al japonés y viceversa.
La semana que viene llegaré a Madrid vía París.
Un saludo cordial,
Yutaka Kato

私は加藤豊といい、大阪の会社の海外支店担当です。
わが社はマドリード支店を開設することになりました。
半年後の開設にむけて、準備を進めています。
力のあるスペイン語・日本語の通訳者を一人紹介してください。
私は、来週、パリ経由で、マドリードに着きます。

NOTAS

1 **dentro de medio año**:「半年後に」
   cf. en menos de un año「1 年以内に」、el día 1 de octubre「10 月 1 日に」
2 「スペイン語・日本語の翻訳者」であれば、un/una traductor/ra del español al japonés y viceversa
3 **intérprete de calidad** : = intérprete de alto nivel

7.4 友人に知人を紹介する (1)

Distinguido Sr. Director:

Mi amigo, el Sr. Hiroshi Hoshino, acaba de ser designado[1] para un trabajo en la sucursal de un banco japonés en Madrid. Llegará a España a principios del próximo mes de junio.

Él estará muy contento de saludarle a su llegada a Madrid y yo le quedaría muy agradecido si pudiera concederle una cita[2].

En espera de su respuesta, permítame expresarle, Señor Director, mis más respetuosos saludos.

Kenichi Ishihara

友人の星野浩さんがマドリードにある日本の銀行の支店勤務を命じられ、来たる6月のはじめごろスペインに着かれます。

マドリード到着に際し、あなたにご挨拶できればうれしく思われるでしょう。彼にお会いいただければ、私からも厚く感謝いたします。

NOTAS

1 **ser designado** (← designar):「任命される」
2 **concederle una cita**: conceder una cita a ＋人「…に会う約束をする」
   ej. ¿Podría *concederme una cita* para el próximo lunes a las tres de la tarde? (来週の月曜日、午後3時に会って診ていただけますか？)

7.5 友人に知人を紹介する (2)

Querido Antonio:

Mi amigo Yukio Nakajima viajará a Barcelona a primeros de junio para participar en un congreso internacional de Bioquímica que tendrá lugar[1] del 5 al 10 de junio en la Universidad de Barcelona.

A su llegada seguramente te telefoneará si me permites darle tu dirección y número de teléfono. Espero que simpaticéis[2] pronto, pues es una persona muy agradable. Él no habla español, pero se defiende bastante bien en inglés[3], como tú, por lo que pienso que no tendréis problema.

Un abrazo,

Yoshio Kato

友人の中島幸雄さんが、バルセロナ大学で6月5日から10日にかけて開かれる国際生化学学会に出席のため6月はじめにバルセロナに行かれます。

私が彼にあなたの住所と電話番号を渡すことができるようでしたら、バルセロナ到着の際はあなたに電話をされることと思います。中島さんはたいへん気さくな方ですので、すぐに親しくなられることと思います。スペイン語は話されませんが、あなたのように英語がかなりお出来になります。したがって（お互いの意志の疎通に）問題はないと思います。

NOTAS

1. **tendrá**（← tener) **lugar**：事柄が主語になります。*ej.* ¿Dónde *tendrá lugar* el próximo congreso de la Asociación Japonesa de Hispanistas?（次の日本イスパニヤ学会はどこで開かれますか？）
2. **simpaticéis**（← simpatizar)：「気が合う」。*ej.* Estoy seguirísimo de que los niños van a *simpatizar* en seguida.（子供たちがすぐに仲良しになることうけあいだよ）
3. **se defiende ... en inglés**：「英語で自分のことを弁明できるだけの語学能力がある→英語ができる」の意。口語ではこの意味で *defenderse* が多用されます。

7.6 知人に教え子を紹介する（1）

Sr. Profesor:

Tengo el honor de[1] presentarle al Sr. Naoki Suzuki, estudiante de la Universidad Doshisha (Kioto). Conozco bien a este estudiante porque ha seguido con asiduidad mis clases de Historia de España Contemporánea.

Él le estaría muy agradecido si durante su estancia en España usted le concediera una entrevista, y yo me tomo la libertad de[2] pedirle el favor de que le reciba el día que a usted le convenga más.

Dándole las gracias de antemano, le saluda atentamente.

Noboru Yamashita

同志社大学（京都）の学生、鈴木直樹さんをご紹介申し上げます。彼は私の「スペイン現代史」の授業を熱心に受講していましたので、この学生をよく知っております。
スペイン滞在中、彼に面談の機会をお与えいただければ彼も非常に感謝申し上げることでしょう。あなたのもっともご都合のよいときにお会いくださるよう私からもお願い申し上げます。

NOTAS

1 **Tengo el honor de** ＋不定詞：「謹んで…いたします」
2 **me tomo la libertad de** ＋不定詞：「勝手ながら…いたします、…させていただきます」

7.7 知人に教え子を紹介する（2）

Estimada señora:

Le agradecería mucho que acogiera en su casa[1] a la señorita Sumiko Yoshida, japonesa, antigua alumna del Departamento de español de la Universidad Nanzan. Estará en España a partir del 1 de septiembre para estudiar en los cursos para extranjeros de la Universidad Autónoma de Madrid. Es amiga de D.ª María Pérez, que usted conoce muy bien.

> Esperando su generosa acogida, quedo suyo afmo.
>
> Dr. Kobayashi

　南山大学イスパニヤ科の卒業生で、日本女性の吉田純子さんをお宅にお引き受けくだされればありがたく存じます。彼女はマドリード大学の外国人コースで勉強するために9月1日からマドリードに滞在します。吉田さんは、あなたもよくご存じのマリア・ペレスさんのお友だちです。

NOTAS

1 **acogiera en su casa**：acoger a ＋人 en su casa「…を家へ（下宿人として）迎え入れる」

7.8 友人を紹介する（1）

> Distinguido amigo Nobuo:
>
> 　Te pongo[1] deprisa estas letras para decirte que puedes ir a casa del Señor Don Francisco Heredia, Gran Vía 12, 5º, Salamanca y que le digas que eres el estudiante recomendado por Madrid. El martes día 8, miércoles 9 y jueves 10 esa familia no estará en Salamanca. Tiene que salir esos días, creo por exámenes de la hija, pero después cuando quieras puedes ir desde las 3 de la tarde en adelante mejor, pues, estarán en casa.
>
> 　Si te llega esta carta a tiempo[2], puedes ir antes de esos días que te digo y dejarlo todo hecho[3].
>
> 　Un saludo de cariño,
>
> Pedro

　あなたが次の方のお宅へ伺うこともできるということを、この手紙で取り急ぎお知らせします。フランシスコ・エレディア氏　グラン・ビア通り12番地5階、サラ

マンカ。彼にはマドリードから推挙された学生だといってください。8日（火）、9日（水）、10日（木）はこの家族はサラマンカにはいないでしょう。娘さんの試験で出かけなければならないはずです。でもその後でしたら、いつでも訪ねることができます。午後3時以降ならきっと家にいますよ。

　もしこの手紙が間に合ったら、今述べた日以前に行ってすべてを片づけることもできます。

NOTAS

1 **pongo**：poner はここでは「書く」の意。
   ej. Ponga sus señas aquí.（ここにあなたの住所を書いてください）
2 **si te llega ... a tiempo**：「間に合ったら」
3 **dejarlo todo hecho**：「すべてをやり終える」。前行の puedes に続いている不定詞。

7.9 友人を紹介する（2）

Mi recordado amigo:

　He recibido tus cartas del 23 y 29 de septiembre; la primera me alegró al ver que te acordabas de mí y la segunda me hizo mucha ilusión al ver la fotografía que nos hiciste del balcón y flores con nosotros. Está preciosa y me recuerda tu presencia en frente. Es una maravilla de colores.

　A propósito, yo te tenía otras señas que no llegué a[1] mandarte como me decías que volverías por aquí y que estabas muy contento en tu misma residencia y esto me alegró mucho; de todas maneras te las envío en esta carta por si te hace bien conocer y tener amigos ahí en Salamanca.

　Unos sobrinos míos recomiendan a la familia Ruiz. Su dirección es calle de Cabeza de Vaca, 2-2º A, Salamanca. Mis sobrinos los conocen muy bien y dicen que son muy buenas personas. Y nada más por hoy[2].

> Cuando vengas en octubre espero verte y así podré darte las gracias por tu agradecimiento y atenciones con nosotros.
>
> Teresa

9月23日と29日付けのお手紙を受け取りました。1通目ではあなたが私のことを覚えていてくれたことがとてもうれしかった。2通目を読んで、バルコニーから写してくれた写真とお花を見てとても懐かしくなりました。よく撮れていて、正面の家にあなたが住んでいたことが思い出されます。とても色のきれいな写真ですね。

ところで、あなたにまだ送っていなかった住所をもっています。またここへ来るって話していたことと、自分の寮に満足していると言っていたから、安心していました。いずれにしても、サラマンカで知った人がいることはいいことですから、この手紙にその人たちの住所を書いておきます。私の甥たちはルイス氏宅を勧めています。住所はカベサ・デ・バカ通り、2番2階A室です。甥たちがとてもよく知っていて、たいへん立派な方たちですとか。今日はこれだけにします。

10月にあなたに会えること、そしてあなたからの感謝の印にお礼できますことを楽しみにしています。

NOTAS

1 **llegué a**：llegar a ＋不定詞「…するにいたる」
2 **Y nada más por hoy**：「今日のところはこれだけです」
   cf. Nada más por ahora. （今のところはこれだけです）

7.10 紹介状

> Querido colega:
>
> Con esta carta va un estudiante japonés de la Universidad de Tokio. Su profesor Jiro Suzuki me avala[1] su interés por el mayor y mejor conocimiento de nuestra literatura, historia y cuanto

contribuya al mejor conocimiento de España y los españoles. Yo te agradeceré mucho tu interés[2] en este asunto.

Viuda del Dr. G. B.

この手紙をもって東京大学の日本人学生があなたの所へ行きます。彼の先生鈴木次郎教授は、彼がスペインの文学や歴史についてより広く深い知識を得たいと願っていること、その後スペインやスペイン人の紹介にどれほど貢献するかなどについて保証しておられます。この件についてご尽力をどうかよろしくお願いします。

NOTAS

1 **avala** (← avalar):「保証する」(= garantizar)
2 **interés**:「関心」

7.11 通訳を紹介する

Distinguido Sr. Presidente:

　Respondiendo a[1] su petición del 3 de marzo, me permito[2] recomendarle al Sr. Hajime Yamada como intérprete para acompañarle por Japón.

　Conozco al Sr. Yamada desde hace muchos años y creo que puede confiar en él para los asuntos que desee estrictamente confidenciales[3].

　Quedo a su entera disposición para toda clase de información concerniente al Sr. Yamada, al mismo tiempo que le ofrezco, Sr. Presidente, mis más respetuosos saludos.

Kaoru Tsukuda

３月３日付けのご依頼につきまして、山田肇氏を日本への随行通訳として推薦申し上げます。

私は、山田氏を久しく存じ申し上げ、特に秘密保持を要するような用件において信頼に足る人物と考えます。

山田氏に関してあらゆる種類の情報を提供することをお約束申し上げます。

NOTAS

1. **Respondiendo a**：responder a ...「（要望などに）応える」
   ej. Luis intentó *responder a* la esperanza de sus padres.（ルイスは両親の期待に応えようとした）
2. **me permito** ＋不定詞：「…いたします」
3. **confidenciales**：「秘密の、内密な」。*ej.* carta *confidencial*「親展」

7.12 教え子を推薦する（1）

Distinguido Sr. Director:

La Srta. Mana Hayashi, Licenciada por[1] la Universidad Keio, me ha comunicado su intención de presentar la solicitud para el trabajo de secretaria en su empresa.

Pienso que es una persona inteligente y muy responsable. Es por lo que me permito recomendarla para ese importante trabajo.

Ichiro Ishikawa

慶応大学修士、林真菜さんから手紙が届き、貴社の秘書としての仕事に応募したい旨伝えてきました。

私は、林さんが知的で非常に責任感の強い女性であると思います。したがって、その重要な仕事に適した人物としてご推薦申し上げる次第です。

NOTAS

1. **Licenciada por**：「…修士」。Licenciada の後に otorgada「授与された」が省略されていると考えられます。
   cf. Doctorado por la Universidad de Kioto「博士号（京都大学）」

7.13 教え子を推薦する (2)

Distinguido Sr. Director General:

Nuestro común amigo D. Pedro Sombra me ha comunicado que usted está buscando un colaborador japonés para que se ocupe de la promoción de venta de sus productos.

Me permito recomendarle a uno de mis antiguos alumnos de la Universidad Waseda, el Sr. Kazunari Oda, que desea dejar, por razones familiares, la empresa donde trabaja desde que se graduó en[1] esa universidad. El Sr. Oda sabe perfectamente español e inglés, y estoy convencido de que ese puesto de trabajo corresponde a sus aspiraciones[2]. ¿Tendría, pues, la amabilidad de examinar su candidatura?

Adjunto[3] le envío el curriculum vitae del Sr. Oda.

H. Komeda

私たちの共通の友人ペドロ・ソンブラ氏から、貴社の製品販売促進のために日本人社員をお探しとの知らせを受けました。

早稲田大学での教え子の一人、小田一成氏をご推薦申し上げます。氏は、家庭の事情から大学卒業以来勤務して来られた会社を辞めたいとのことです。彼はスペイン語と英語に堪能で、私はこの職場が彼の希望にかなったものであると確信いたします。ぜひ彼の採用についてご検討いただけないでしょうか。

小田氏の履歴書を同封させていただきます。

NOTAS

1 **se graduó en**：graduarse en ...「…を卒業する」
 ej. Se graduó en la Universidad de Valladolid.（彼はバリャドリード大学を卒業した）
2 **aspiraciones**：「強く望むこと、願望」（← aspirar）
3 **Adjunto**：(副)「同封して」

7.14 留学生審査委員会への推薦状

A la atención del[1] jurado encargado de la distribución de becas del Gobierno.

Tengo el honor de recomendar a la benevolencia del jurado de becas, a la Srta. Keiko Yasuda, estudiante del curso de doctorado de la Universidad Sofía, que acaba de defender una brillante tesis[2] de licenciatura sobre la teoría de las masas de Ortega y Gasset. Estoy convencida de que esta estudiante continuará sus estudios de doctorado en España con tanta seriedad y tesón como ha demostrado hasta ahora.

Michio Nishi

政府奨学金配分審査委員会殿

上智大学博士課程に在籍する学生、安田恵子さんをご推薦申し上げます。安田さんは、最近、オルテガ・イ・ガセットの大衆論についての修士論文審査において優秀な成績をおさめられました。私は、当学生が今までと同様にスペインでの博士課程の勉強を真面目にねばり強く続けられることを確信しています。

NOTAS

1 **A la atención de**：「…宛て」
2 **defender una brillante tesis**：「口述試問で自分の論文を立派に弁護する→口述審査に合格する」の意。

7.15 推薦状（1）

Escribo con mucho gusto esta carta de recomendación del Prof. Daichi Takano al que conozco desde sus años de estudiante en la Universidad de Estudios Extranjeros de Kansai.

Después de graduarse en el Departamento de español de esa Universidad, se trasladó a España donde cursó con brillantez los estudios de licenciatura primero y el doctorado después en la Universidad de Madrid.

He leído con detenimiento[1] su tesis doctoral, con la que consiguió la máxima calificación, y otros trabajos posteriores y creo que está dotado y preparado para la investigación en el campo de los estudios literarios. Por eso, pienso que es merecedor de una beca para la investigación ofrecida por la Fundación España.

Caridad Núñez

関西外国語大学での学生時代から存じ上げている高野大地氏の推薦状を書くことができましてとてもうれしく思っています。

彼は同大学のスペイン語科を卒業した後、スペインへ渡り、そこで輝かしい成績で修士号を取得しました。その後、マドリード大学で博士号を取得されました。

最高点を得た彼の博士論文やその後の他の論文をじっくり読んでみました。彼は文学の分野における研究のための十分な能力を備えていると思います。以上の理由からわたしは高野氏が「スペイン財団」の研究奨学金に相応しい人物としてここに推薦申し上げる次第です。

NOTAS

1 **con detenimiento**：「じっくりと、落ちついて」（= detenidamente）

7.16 推薦状（2）

El que suscribe, Prof. Enrique Rivera, catedrático numerario[1] de la Universidad de Hispania, certifica lo siguiente sobre su alumno Ichiro Iwano:

1. Tiene el título de Licenciado en Filosofía por la Universidad de Hokkaido. Ahora se prepara intensamente para cumplir los requisitos necesarios para obtener el título de doctor.

2. Es de notar que mi alumno no se ha limitado a conocer la literatura hispánica, sino que también se ha interesado intensamente por el arte español. Su participación en los cursos de la Universidad Internacional Menéndez Pelayo y sus visitas periódicas a las ciudades artísticas del país le han sensibilizado en este aspecto de nuestra.

3. Este alumno ha cultivado relaciones intelectuales que le han ayudado a completar su formación.

4. Juzgo que su buen carácter y su capacidad de diálogo le capacitan notablemente para la docencia universitaria, tanto en su misión educativa como en su tarea investigadora.

Y para que conste lo firmo en Murcia, a 13 de enero de 20XX.

Fdo. Prof. Enrique Rivera

イスパニア大学教授エンリケ・リベラ氏は岩野一郎氏について以下に証明する。

1. 北海道大学文学修士号を有しており、現在、博士号取得のための必要条件を満たすべく研究に専心している。

2. この私の学生は、スペイン文学を知るのみでなく、美術に対しても大変興味を持っている。メネンデス・ペラーヨ国際大学コースへの参加、国内の芸術都市への定期的訪問はスペイン文化に対する彼の感受性を高めたといえる。

3. この学生は自らの学問形成を助けてきた知的な友好関係を大切に育んできた。

4. 彼のよい性格と対話能力により、教育及び研究という使命において大学教授に相応しい人物であることを認める。

20XX 年 1 月 13 日　ムルシア

エンリケ・リベラ教授

NOTAS

1 **catedrático numerario**：「正教授」

7.17 推薦状（3）

A quien corresponda:

Me dirijo a ustedes a petición de mi estudiante, la señorita Noriko Saito, la cual me solicita referencias para estudiar en su universidad.

Conozco a la señorita Noriko Saito desde abril de 20XX y debo informarles que en estos casi 4 años ha demostrado que es una persona honesta, estudiosa y en la que usted puede usted confiar. La considero una persona con altas cualidades para el estudio en una universidad ilustre como la suya. Aparte de su capacidad académica, posee don de gentes y se desenvuelve con agrado en su labor, con iniciativa e ingenio para salvar los obstáculos.

Por todo ello, y en base a mi experiencia personal, puedo garantizarles que Noriko Saito desarrollará su estudio exitosamente y cumplirá con los objetivos que ella tiene.

Quedo a su disposición para cualquier otra información que ustedes necesiten.

Atentamente,

Takahiro Kato

関係各位

　私の学生斎藤紀子さんの求めに応じて、貴殿にお便りを差し上げております。斎藤さんは貴殿が所属されている大学で学ぶために私からの照会文書を必要としています。
　斎藤さんのことは20XX年4月から存じ上げており、ほぼこの4年間にわたって、同氏が正直で研究熱心で信頼に足る人物であるとの確証を得ています。
　私は斎藤さんが貴学のような高名な大学で学ぶための十分な資質を備えた人物であると見ております。研究能力については言うまでもなく、人に好かれる性格であり、仕事においては喜んで打ち込むとともに、率先して困難の克服に努力する人です。
　こうしたことから、そして私の体験からしても、斎藤紀子さんが研究を上梓し、掲げる目的を全うすることと確信しております。
　その他ご必要な情報等ございましたらお申し付けください。

7.18 推薦状（メモ）

Muy estimado Director:

　Creo que podrá seguir las clases en español[1] con relativa facilidad y además estoy segura de que se esforzará si encuentra dificultades al principio. Es muy estudiosa y responsable.

　Un saludo cordial,

Directora

彼女はスペイン語の授業に比較的容易についていけると思います。はじめは困難にぶつかるかもしれませんが、努力でそれを乗り越えられる人だと確信しています。とても勉強家で責任感の強い人です。

NOTAS
1　**las clases en español**：「スペイン語で行なわれる授業」

表 現 集

- [ ] Permítame que me presente. Me llamo Kumi Goto.
  自己紹介させていただきます。私は後藤久美と申します。

- [ ] Me complace presentarte a mi hermana Rie Yamamoto. Es estudiante de la Facultad de Ciencias Económicas de la Universidad Keio.
  妹の山本理恵を紹介させていただけることは私の喜びです。妹は慶応大学経済学部の学生です。

- [ ] Tengo el gusto de presentarle al Sr. Mitsugu Sano, que es el Presidente de la Compañía Marubeni Iberia S. A.
  丸紅イベリア社社長佐野貢氏をご紹介申し上げます。

- [ ] Quisiera presentarte a mi amiga María Fernández.
  友達マリア・フェルナンデスさんをご紹介申し上げます。

- [ ] Tengo mucho gusto de presentaros a Hiromi Sugiyama, hija de unos amigos nuestros, que desea hacer unos cursos de catalán en la Universidad Autónoma de Barcelona.
  私たちの友人の娘さん、杉山博美さんを紹介できてうれしく思います。彼女はバルセロナ自治大学でカタルーニャ語を学ぶことを希望しています。

- [ ] Tengo mucho gusto de presentaros al japonés Jiro Tanaka, amigo íntimo nuestro, que ha sido destinado para dirigir un laboratorio. Por ser la primera vez que visita la ciudad y no tener conocidos, le he aconsejado que vaya a saludaros.
  私たちの親友であり、最近ある研究所の所長として派遣された日本人、田中次郎さんを紹介いたします。彼が貴市を訪れるのははじめてであり知人もいないことから、私はあなたたちに挨拶に行くように勧めました。

- [ ] Me gustaría que atendiera a la portadora de la presente, Srta. Masayo Yoshida.
  本状の持参人吉田昌代さんを歓待いただけるとうれしく思います。

- [ ] Me permito, por medio de la presente, recomendarle a la Srta. Ryoko Kato, graduada de nuestra Universidad y que quiere solicitar el puesto vacante de secretaria bilingüe de su compañía.
  本状をもって、私どもの大学の卒業生で、現在空席になっている貴社の二か国語秘書のポストに応募している加藤遼子さんをご推薦申し上げます。

8 見舞い、お悔やみ

　誰かが事故にあったとか、入院したとか聞いた時、お見舞いのメールや手紙を一刻も早く送らなければなければなりません。直接見舞うことができなくて花などを送る場合には、カードに一言お見舞いの言葉を書き添えたいものです。また、親しい人の訃報に接した場合には心のこもった手紙を送ってあげたいものです。受け取った人がどれほど慰められることか想像に難くありません。お見舞いやお悔やみの表現にはある程度決まったいい方をするのが普通です。本文を参考にしてみてください。

8.1 元気ですか

Asunto: ¿Cómo estás?

Querida amiga[1]:
¿Cómo estás?
¿Qué tal este verano en España?
En Japón está haciendo muchísimo calor, con temperaturas de más de 30 grados estos días.
Nosotros tenemos las vacaciones[2] de verano a partir de pasado mañana.
Pensamos pasar cuatro días en Karuizawa.[3]
Un abrazo cordial,
Mayu

元気ですか？
スペインの今年の夏はどうですか？
日本では、このところ30度を超すとても暑い日が続いています。
私たちは明後日から夏休みに入ります。
軽井沢で4日間過ごすつもりです。

NOTAS

1 目上の人に書くときは、例文を3人称による丁寧なusted表現に言い換えます：Estimado/a Señor/a: ... ¿Cómo está usted? ... Mayu Higashi

2 **tenemos** (← tomar) **las vacaciones** ... : *cf.* Vamos a tomar dos semanas de vacaciones de invierno.（私たちは2週間の冬休みをとります）、Mis compañeros de la empresa están de vacaciones en Hakone.（会社の同僚たちは箱根で休暇中です）、Luis ha venido de vacaciones a Japón.（ルイスさんは休暇で日本に来ました）

3 *cf.* Pensamos pasar una semana en Hakone.（箱根で1週間過ごすつもりです）

8.2 暑中お見舞いします

> Asunto: Saludos de verano
>
> Estimado amigo:
> ¡Hola!, ¿cómo estás?
> ¡Qué calor hace todos los días!
> Pronto me marcharé a la sierra[1].
> Allí estaré recorriendo en bicicleta sus lindos lugares turísticos. Me imagino que[2] tú y los tuyos[3] también trataréis de escaparos por un tiempo de los calores infernales de Córdoba. Trata de descansar bien, para poder volver con renovadas fuerzas a tu trabajo.
> ¡Hasta pronto!
> Ichiro

元気ですか？
毎日ほんとうに暑いですね。
私はもうすぐ山間部に出かけます。
そこでは、連日自転車で美しい観光名所を回るつもりです。
あなたたちも、しばらくコルドバのものすごい暑さから抜け出すことを考えていることでしょうか。
よく休んで、仕事への鋭気を養ってください。

NOTAS

1 *cf.* En agosto nos marcharemos de vacaciones a la playa.（私たちは、8月には休暇で海岸部に［海水浴に］出かけます）

2 **Me imagino que**：imaginarse que「思い浮かべる」
   ej. Me imagino que a estas horas estarán visitando el Museo del Prado.（彼らは今頃はプラド美術館を訪れていることでしょう）

3 tú y los tuyos「君と君の家族」、usted y los suyos「あなたとあなたの家族」

8.3 ご心配、ありがとう

Asunto: Estamos muy bien

Querido amigo:[1]
¡Gracias por preocuparte!
Estamos todos muy bien.
El otro día el tifón atacó la zona central de Japón.
Más de una docena de tifones amenazan nuestro país cada año.
Es muy impactante ver imágenes de edificios caídos a causa del fuerte viento y las lluvias torrenciales.
Reitero mis agradecimientos.
Un abrazo,
Masaki

心配してくださってありがとう。
私たちは皆、大丈夫です。
先日、台風は日本の中央部を襲いました。
日本には毎年たくさんの（12 を超す）台風が襲来します。
強い風と大雨で崩れた建物を見ることは非常に衝撃的です。
もう一度感謝の言葉を繰り返します。

NOTAS

1 複数の友人たちに宛てたときは次のようになります：
Queridos amigos: ¡Gracias por preocuparos! ... Muchos abrazos cordiales,（皆さんへ、心配してくださってありがとう）

8.4 お見舞いのご挨拶

Asunto: Saludo cordial

Estimada amiga:[1]
¡Qué alegría saber de ti!
Me da mucho gusto recibir tu correo.
Pensé en ti cuando vi todas las noticias del sismo en tu país.
Me alegra mucho saber que[2] estás bien.
Recuerda que[3] tienes un gran amigo en Japón.
Kazuo

お便り、ありがとう！
あなたからのメールを受け取って、とてもうれしいです。
あなたの国で地震があったというニュースをテレビで見て、あなたのことを想いました。
あなたが無事でいることがわかって、本当にうれしいです。
日本にあなたの親友がいることを忘れないでください。

NOTAS

1 この例文のメールの相手は「君、あなた」（2人称単数扱い）ですが、相手が親しい複数の方であれば、相手を「君たち、皆さん」（2人称複数扱い）として次のように書き換えます：
Queridos amigos:
¡Qué alegría saber de *vosotros*! Me da mucho gusto recibir *vuestro* correo. Pensé en *vosotros* cuando vi todas las noticias del sismo en *vuestro* país. Me da mucha alegría saber que *estáis* bien. *Recordad* que *tenéis* un gran amigo en Japón.

2 **Me alegra** (← alegrar) **mucho saber que** ... :「…ということを知ってうれしく思う」。
＝ Me alegro de que ＋接続法：
ej. Me alegro de que estés muy bien.（君がとても元気そうでうれしい）

3 **Recuerda** (← recordar) **que** ... :「…を思い出してください」
ej. Por favor, recuerda que mi vuelo para Madrid llegará a las 8,00 de la mañana.
（マドリード行の私の便は朝8時に到着しますのでよろしくお願いします）

8.5 交通事故に遭った友人を見舞う（1）

Queridísimo amigo:

El otro día cuando me llamaste y dijiste que habíais tenido un accidente de coche, me quedé preocupadísimo. Mi amigo me dijo que salvaros era como un milagro y también me contó que Rosa se golpeó en la espalda[1]. ¿Estáis bien?

Un abrazo muy fuerte,

Takao

先日、あなたからの電話で、自動車事故に遭ったと聞いてとても心配になりました。友人はあなたが助かったのは奇跡だったと言っていましたし、ロサさんは背中を打ったということでした。具合はどうですか。

NOTAS

1 **se golpeó** (← golpearse) **en la espalda**：en la espalda「背中を打つ」。golpearse = darse
 ej. Jorge *se dio* en la cara (la nariz / la espinilla).（ホルヘは顔［鼻・むこうずね］をぶつけた）

8.6 交通事故に遭った友人を見舞う（2）

Hola, Antonio:

No sabes la alegría que me da saber que te recuperas favorablemente de tu accidente de coche. Ya te dije muchas veces que corrías demasiado y nunca me hiciste caso[1].

Lo importante es que estés bien y que te vayas aprendiendo la lección. Si tengo tiempo espero hacerte una visita próximamente. De cualquier forma, tómate las cosas con filosofía[2] porque, según me

> comunicó tu mujer, la recuperación va a ser larga.
>
> Hasta pronto y un abrazo,
>
> Makoto

　交通事故の後、君が順調に回復していると聞いて本当にうれしいかぎりだ。スピードを出し過ぎるって君に何度も言ったけれど、今度もぼくの言うことを聞いてはくれなかったね。
　大切なことは、今君が元気で、今回の教訓をよく考えるということだ。時間ができたら、近いうちに見舞いに行くよ。とにかく、事態を達観しなさいよ。なにせ、君の奥さんによると、回復にはまだ時間がかかりそうだからね。

NOTAS

1　**me hiciste caso**：hacer caso a ＋人「…の言葉・意見を考慮する」
　ej. Debes *hacerle caso.*（君は彼の言うことを聞くべきだ）
2　**tómate las cosas con filosofía**：tomarse ＋事＋ con filosofía「…を甘んじて受け入れる」。tómate ← toma ＋ te

8.7 地震を見舞う

> Estimado amigo:
>
> 　Acabamos de oír que ha habido un terremoto en la región del sur. ¿Cómo estáis? ¿Os ha afectado? ¿No tenéis amigos o parientes allí? Rezaré para que Dios os ayude.
>
> Tami Tsuzuki

　南部地方で地震があったというニュースを聞きました。あなたたちは大丈夫ですか。あなたたちに影響はありましたか。彼地に、お友達やご親族はいませんか。皆さんのご無事を神様にお祈りしています。

8.8 弔慰文 (1)

Muy querida señora:

　Es muy difícil dirigirme a[1] usted en estos momentos, porque de sobra sé que las palabras no sirven de nada.

　A pesar de ello, quiero que sepa que comparto su dolor por la pérdida de su hermana. Todos los que la conocíamos, poco o mucho, admirábamos su buen humor[2], su valor humano y su alegría. Nunca lograremos olvidarla y la tendremos en la mente como ejemplo a seguir.

　Reciba un abrazo muy fuerte y el cariño de,

　　　　　　　　　　　　　　　　　　　　　　　　　　Inés

　今、あなたに手紙を書くのはとてもつらいことです。いくら言葉を並べても、何の役にも立たないことはよくわかっているからです。

　それにもかかわらず、お姉さんを亡くされた悲しみをあなたと分かち合いたいと私が思っていることを知ってほしいのです。多少とも彼女を知っていた者は皆、彼女の立派な人柄、人間としての勇気や明るさを褒めたたえていました。私たちは決して彼女を忘れることなく、心の中でお手本として抱き続けることでしょう。

NOTAS

1　**dirigirme a**：dirigirse a ＋人「…に手紙を書く、話しかける」
2　**su buen humor**：humor はここでは「気質」の意。

8.9 弔慰文 (2)

Querido amigo:

　Desde que volví de España he intentado hablar contigo varias veces pero como no te he encontrado en casa, recurro a[1] esta tarjeta para darte el pésame² por la muerte de tu padre. Desde que me enteré, he estado pidiendo por él y por vosotros. Espero que Dios consuele especialmente a tu madre. También vosotros, los hijos, la acompañaréis³. Me hubiera gustado⁴ mucho asistir al funeral. He recordado las veces que hemos ido juntos tú y yo a estas ceremonias. Como cristianos tenemos esperanza en la vida eterna.

　Con afecto sincero,

María Josefa

スペインから帰ってからいく度となくあなたと話そうとしましたが、ご不在でしたのでお父様のご逝去のお悔やみをこのカードに託します。私はそのことを知ったときから、彼のために、またあなたがたのために祈り続けました。神の慰めが特別あなたのお母様にありますように、あなたがたご子息もお母様に付き添ってあげますように。できれば私もご葬儀に出席したかったのですができませんでした。あなたと一緒に何度も葬儀に出かけたことを思い出しました。キリスト教徒としてこんな時にこそ希望をもたなければなりません。

NOTAS

1 **recurro a**：recurrir a ...「…の手段に訴える」
2 **darte el pésame**：dar a ＋人＋ el pésame「…にお悔やみを言う」
3 **acompañaréis**：未来形で「命令」を表します。
　ej. Me *esperaréis* aquí.（ここで待っていてください）
4 **Me hubiera gustado**：すでに過去の事柄に対して反対の仮定を表しています。

8.10 お体を大切に

Muy querido amigo:
　Yo creo que todo le irá bien, ya el verano se ha terminado y estará

de lleno metido en el ritmo del trabajo¹. Ojalá que la espalda no le moleste demasiado y no le quite el buen humor y las ganas de trabajar, si bien los males se presentan de repente pero tardan en marcharse. Que los médicos le acierten con el remedio.

Que haya muchos días de cielo azul en este otoño.

Un abrazo,

Hiroshi

あなたにはすべて順調のことと存じます。夏も去り、あなたは快調に仕事をしていらっしゃることでしょう。背中の痛みがひどかったり、そのせいで元気や仕事をする気がなくなったりしませんように、たとえわずらわしいことが突然起こり、消えるのに時間がかかったとしてもです。医者の処方が的確でありますように。

今年の秋には快晴の日がたくさんありますように。

NOTAS

1 **estará de lleno metido en el ritmo del trabajo**：「あなたは仕事のリズムにすっかり乗っているでしょう」。de lleno ＝ plenamente

表現集

- [ ] Espero que se recupere cuanto antes.
  あなたが一日も早く回復されますように。
- [ ] Hago votos porque me dé usted pronto la feliz noticia de su total restablecimiento.
  あなたの速やかなご回復の吉報をお待ちいたします。(hacer votos por：願う、希望する)
- [ ] Lamento mucho no haberme enterado antes de este percance que puso en peligro tu vida, pero creo que nunca es tarde para manifestarte mi sentimiento y desearte que tu recuperación sea rápida y total.
  君の命を危険に陥れたこの災難についてぼくがもっと前に知らなくてとても残念です。しかしぼくの気持ちを君に伝え、速やかな全快をお祈りすることに遅いということはないと信じます。
- [ ] Le acompaño en el sentimiento.
  ご愁傷さまです。
- [ ] Le doy mi más sentido pésame.
  心からお悔やみ申し上げます。
- [ ] Me he enterado por mis amigos de la dolorosa pérdida que acaba usted de sufrir en la persona de su hermana menor.
  あなたが妹さんを亡くされたことを私の友人から知りました。
- [ ] Acepte la expresión de nuestra sincera condolencia por la muerte de su marido (q.e.p.d.).
  ご主人のご逝去に際して私たちの衷心からのお悔やみの言葉をお受けください。
  (q.e.p.d.：= que en paz descanse「安らかに眠りたまえ、故人のご冥福をお祈りいたします」)
- [ ] Lamento profundamente la irreparable desgracia que le aflige con la pérdida de su padre.
  ご尊父様ご逝去のご不幸に際し心からお悔やみ申し上げます。
- [ ] Le agradezco mucho que me haya hecho llegar su sentida condolencia por el fallecimiento de mi sobrino.
  甥の逝去に際し、心からのお悔やみをいただきまことにありがとうございました。

9 お礼

　知人に招待されたり、何かを依頼したり、また、お見舞いをもらった時など、機会を逸することなく、お礼のメールや手紙を送ることは万国共通の礼儀です。しかし、感謝の気持ちはあってもスペイン語でその感情を表現するとなると、なかなか難しいものです。友人など近しい相手には日頃から接しているような気さくな表現で、また目上の方など敬意をもって接する相手にはできるだけ丁寧な表現で、お礼の気持ちを伝えられるようにと様々な文例を集めました。

9.1 無事帰国しました

Asunto: Ya estoy de vuelta en Japón

Estimado amigo Marceliano:
Llegué[1] a Japón felizmente[2] después de mi estancia en España. ¡Gracias a ti, he podido pasarlo muy bien[3]!
Todo lo que pude ver en tu país me ha impresionado mucho. Muchísimas gracias por tu hospitalidad.
Espero poder mostrarte mi agradecimiento alguna vez en Japón.
Kouichi

スペイン滞在を終えて、無事日本に着きました。
あなたのおかげで、スペインではとても楽しく過ごせました。
あなたの国で見たことのすべてがとても印象的でした。
あなたの心配りに感謝しています。
いつか日本でお礼ができますように。

NOTAS

1 この例文の書き手は「私」ですが、「私たち（1人称複数）」が書き手のときは、次のように書き換えます：
   Llegamos a Japón felizmente después de *nuestra* estancia en España. ¡Gracias a ti, *hemos podido* pasarlo muy bien! Todo lo que *pudimos* ver en tu país *nos* ha impresionado mucho. Muchísimas gracias por tu hospitalidad. *Esperamos* poder mostrarte *nuestro* agradecimiento alguna vez en Japón.

2 **felizmente**：「幸いにも」
   ej. Felizmente, la puerta de mi residencia estaba abierta todavía.（幸いにも寮の扉はまだ開いていました）

3 **he podido**（← poder) **pasarlo muy bien**：pasarlo bien / mal「楽しく過ごす／楽しくない」。*cf. Pasamos* la fiesta muy *bien*.（パーティーは楽しかった）

9.2 お世話になりました

Asunto: Gracias por todo

Hola, amiga Cristina:
Ayer volví a Japón después de un vuelo agradable.
Muchísimas gracias por tus atenciones[1] en la residencia de estudiantes.
Adjunto[2] 3 fotos que nos hicimos en la playa de San Sebastián.
Anúnciame[3] con antelación cuando decidas visitar Japón.
Te espero con impaciencia.
Natsuki

昨日、快適な空の旅のののちに帰国しました。
学生寮では助けてくれてありがとう。
このメールに添付してサン・セバスティアンの浜辺で一緒に撮った写真を3葉送ります。
日本にあなたが旅行するときはぜひ前もって知らせてください。
あなたが待ちどおしいです。

NOTAS

1 **atenciones**:「心づかい、気配り」
    ej. No olvidarán mis estudiantes las *atenciones* que han recibido de vosotros.（私の学生たちは皆さんから受けた心づかいを忘れることはないでしょう）

2 **Adjunto** (← adjuntar):「添付して送る、同封する」
    cf. Adjunto un par de fotos en la carta que te envío.（君に送る手紙の中に写真を2葉同封します）

3 **Anúnciame** (← anunciar + me):「告げる、知らせる」
    ej. Ahora están *anunciando* la salida de nuestro vuelo.（いま私たちの便の出発が告げられています）

9.3 プレゼントをありがとう

Asunto: Muchísimas gracias por tu regalo

Querida amiga:[1]
Te agradezco mucho el regalo que me enviaste.
Las patatas fritas a sabor de jamón y el turrón me han encantado.
Me han hecho[2] recordar el sabor de España[3].
Con cariño,
Mika

プレゼントを送ってくれてありがとう。
生ハム味のポテトチップスとトゥロン、とっても気に入りました。
スペインの味を思い出しました。

NOTAS

1 例文を丁寧な表現にするときは usted（3人称単数扱い）に置き換えます。
  Estimada señora:
  Le agradezco mucho el regalo que *usted* me *envió*. ...

2 **Me han hecho**（← hacer）**recordar** ...:「私に思い出させる」。hacer ＋不定詞「…させる」
  ej. Tus palabras y gestos siempre *hacen reír* a todos.（君の言葉とジェスチャーはいつも皆を笑わせる）

3 **recordar el sabor de España**:「スペインの味を思い出す」
  cf. recordar el paisaje / las calles / las casas blancas de España「スペインの風景／通りや街／白い家並みを思い出す」

9.4 母へのプレゼントをありがとう

Asunto: Gracias por tu regalo a mi madre

Querido amigo:
Mi madre está muy bien, gracias a Dios.
Le entregué[1] el regalo que le enviaste.
¡Mil gracias!
En estos días ella te enviará[2] un mensaje.
Recibirás un correo electrónico de mi madre.
Un saludo cordial,
Yukio

おかげさまで母はとても元気です。
君からのプレゼントは母に手渡しました。
ありがとう！
近日中に母は君にメッセージを送るでしょう。
母からのメールを受け取ってください。

NOTAS

1 **Le entregué** (← entregar) ... :「…を手渡す」
   cf. Le *entrego* las fotos que le enviaste.（君から届いた写真を彼女に手渡します）、A mi madre le voy a *entregar* los recuerdos que tú me regalaste en Barcelona.（バルセロナで君が私にくれた土産物を母に手渡します）

2 **te enviará un mensaje**：＝ te escribirá un mensaje「君に／あなたにメッセージを書くでしょう」

9.5 お見舞いありがとう

Asunto: Agradecimiento por su visita

Querido amigo:[1]
¡Muchas gracias por haberme visitado en el hospital!
Para mí, fue una alegría inesperada.
Gracias a Dios, mi estado de salud es mejor de lo que esperaba.
Estoy seguro de que[2] dentro de 8 días[3] estaré en casa.
Te agradezco todo.
K. Takahashi

病院にお見舞いに来てくださってありがとう。
私には、予想だにしない喜びでした。
おかげさまで、私の状態は予想していた以上に良くなっています。
あと1週間で自宅に戻れると思います。
とても感謝しています。

NOTAS

1 目上の人には、例文を3人称による丁寧な usted 表現に置き換えます：
   Estimado amigo: ... *Le* agradezco todo.（感謝申し上げます）

2 **Estoy seguro de que** ... :「…と確信している」
   ej. Estoy segura de que les va a gustar la paella que ofrece este restaurante valenciano.（このバレンシア料理店のパエリアは［あなたたち］みなさんの気に入ること請け合いです）［この例文の書き手は女性］

3 **8 días**：スペイン語では「1週間」を意味します。

9.6 旅行中に世話になったお礼（1. 絵はがき）

Querido amigo:

　Como ves[1], estamos en París. Mañana salimos para Japón. Muchas gracias por tus atenciones, la comida muy rica y regalos de tu señora. Todo el viaje nos ha salido bien[2]. Besos a tu hijita. Un saludo muy afectuoso a tu señora.

　　　　　　　　　　　　　　　　　　　　　　　　Masanobu

お気づきのように、私たちは今パリにいます。明日、日本に向けて出発します。君の心づかい、奥様のお手料理とおみやげを本当にありがとう。たいへん楽しい旅となりました。お嬢さんによろしく、そして、奥様にもよろしくお伝えください。

NOTAS

1　**Como ves**：「（絵はがきに書かれていることからして）わかるでしょう」← ver「わかる」。*ej.* Debes *ver* los motivos de mi enfado.（君は私が怒っている原因をわかるべきだ）
2　**nos ha salido bien**：salir bien a ＋人「…にとってうまくいく」。salir mal a ＋人「うまくいかない」。*ej.* Me *salió mal* el examen.（私は試験に落ちた）

9.7 旅行中に世話になったお礼（2）

Querida familia Gómez:

　Ya hace cuatro días que estoy en Japón. El viaje a Argentina me resultó muy bien. Gracias a todos por los asados, los mates y los hermosos días que pasé con vosotros. Las vacaciones me resultaron un descanso formidable[1]. Gracias a Sebastián por llevarme al aeropuerto con Susana. Pronto os mandaré las fotos. Aquí estamos entrando en primavera. Al llegar a Osaka me esperaban mis amigos.

　Estoy pensando que vuestro jardín y el nogal inmenso, todo verde, me ayudaron a mi descanso corporal y espiritual.

    Saludos a todos,

Hisao

日本に戻ってもう4日経ちました。アルゼンチン旅行はとてもすばらしかった。焼肉やマテ茶、あなたたちと楽しく過ごした日々を感謝しています。この休暇は私にとってすばらしい休息の日々でした。セバスティアン、スサナと一緒に空港まで私を送ってくれてありがとう。じきに写真を送ります。こちらではもう春です。大阪に着くと友人たちが私を出迎えてくれました。

あなたがたの家の庭、うっそうと繁ったクルミの木などを思い起こしています。すべてが緑で、身も心も休まりました。

NOTAS

1 **formidable**：「すごい、すばらしい」
   ej. Mi tío tiene un chalet *formidable*.（叔父はすばらしい庭付きの家をもっている）

9.8 旅行中に世話になったお礼（3）

Querido amigo:

    Como ves ya estamos de vuelta[1] en Japón, después de un feliz viaje, aunque con el consiguiente cansancio después de tantas horas pasadas en el avión. Mil gracias[2] por tus atenciones y las de tu esposa en nuestro paso por Cuenca. Esperamos recompensaros[3] cuando vengáis por aquí y si no, en Sevilla con más calma y detenimiento que lo hicimos este verano.

    Aquí hace un calor insoportable. No se puede prescindir del aire acondicionado ni de noche ni de día. Ahora mismo estamos a 34 grados con una humedad horrorosa.

Toshio

ご覧のように、楽しかった旅行も終わり、やっと日本へ帰っています。飛行機の中で長時間過ごしたので疲れてはいますが。クエンカに寄った時、君や君の奥さんに親切にしてもらって本当に感謝しています。君たちが日本に来た時に、そのお礼ができたらと思っています。もし、こちらへ来られないのなら、セビリアで、今年の夏よりももっと落ち着いて計画を練って、と考えています。

こちらでは耐えがたい暑さです。夜も昼もクーラーを欠かすことはできません。今も34度ありますし、おまけに湿気もひどいです。

NOTAS

1 **estamos de vuelta**：estar de vuelta「帰っている」
2 **Mil gracias**：mil は「数限りない」の意。同様な表現として、*un millón de* gracias, *millones de* gracias などがあります。
3 **recompensaros**：recompensar a ＋人「…に報いる、お礼する」
   ej. Voy a *recompensar a* quien encuentre mi gatito.（私の猫を見つけてくれた人にはお礼を差し上げます）

9.9 旅行中に世話になったお礼（4）

Querida familia Martínez:

Ya de vuelta en Kioto, no quiero que pase el tiempo sin escribirles para darles las más efusivas gracias por su hospitalidad durante nuestra estancia en Madrid.

Tanto mi mujer como mis hijas recuerdan con verdadera nostalgia las mañanas del Museo del Prado[1] que usted y su atenta esposa tuvieron la bondad de proporcionarnos.

Ni que decir tiene que[2] esperamos su visita en nuestra casa, aunque esta ciudad le quede un poco a trasmano[3], pero no se preocupe; según las compañías de aviación ya no existen distancias y es por eso por lo que mi familia y yo confiamos en devolverles[4] las atenciones que con nosotros tuvieron.

> Queremos también aprovechar la presente para disculparnos por todas las molestias que podamos haberles producido con nuestra estancia a la vez que asegurarles que nuestros treinta días en la Capital española permanecerán en nuestro recuerdo.
>
> Hiroshi

　やっと京都に戻ってきたのですが、何はさておきマドリード滞在中いただきました心温まるおもてなしに対しまして、あつい感謝の言葉をと、ペンをとりました。
　私の妻も娘たちもあなたや奥様が連れていってくださったプラド美術館での午前のひとときを本当に懐かしく思い出しています。
　皆さんの御来訪をお待ちしております。この町は皆さんのところからは少し離れているかもしれませんが、心配はいりません。航空会社によれば、もう遠いところはないとか、だから、家族の者も、私も、私たちにしていただいたご配慮のお返しをさせていただけると信じています。
　また私たちの滞在中はたいへんお世話をおかけしました。スペインの首都で過ごした30日間は、私たちの記憶にいつまでも残ることでしょう。

NOTAS

1 **las mañanas del Museo del Prado**：「プラド美術館を午前中に何度か訪れる」の意。
2 **Ni que decir tiene que** ＋直説法：「…はいうまでもなく」
3 **a trasmano**：「遠くに」
4 **devolverles**：devolver「返礼する」

9.10　お年賀ありがとう

> Querido Goro:
>
> 　Muchas gracias por tus buenos deseos. Igualmente, espero que este año venga cargado de prosperidad para nuestros países y para

todos vosotros. Mañana me reincorporaré a[1] la Compañía tras las vacaciones.

　Un fuerte abrazo,

Ovidi

お年賀ありがとう。私も、今年が両国にとって、またあなたたちにとって、繁栄に満ちた一年でありますよう祈ります。明日、休暇を終えて仕事に戻ります。

NOTAS
1 **me reincorporaré a**：reincorporarse a「（職場・勤務）に復帰する」

9.11 手紙へのお礼（1）

Querido amigo:

　Han llegado tus dos tarjetas postales. También ha llegado a nosotros la carta con las fotos adjuntas. Nos alegramos mucho al recibir tus noticias. Muchas gracias por las fotografías, han quedado muy bien[1].

　El tiempo sigue veraniego, a excepción de[2] ayer que llovió un poco. Todos estamos bien.

Juan

君からの絵葉書が2通届きました。写真が同封された手紙も届きましたよ。君の便りを受け取ってとても喜んでいます。写真をどうもありがとう。とてもよく写っていました。
　気候は昨日少し雨が降ったほかは真夏日です。こちらは皆、元気に暮らしてます。

NOTAS
1 **han quedado muy bien**：quedar bien / mal「出来ばえがよい / 悪い」

2 **a excepción de**：「…を除いて」
ej. Me gustan todas las novelas *a excepción de* la de terror.（ぼくはホラーもの以外すべての小説が好きだ）

9.12 手紙へのお礼（2）

Queridísima Marina:

Tuve una inmensa alegría al recibir tu felicitación de Navidad[1] y Año Nuevo. Desde que te fuiste a Japón, de una forma tan rápida e inesperada, estaba esperando carta tuya contándome cómo te encontrabas, cómo iban[2] tus estudios, etc. Y al no llegar nunca noticias tuyas estaba bastante extrañada. La sorpresa y la alegría de tu comunicación me causó una satisfacción grande. Espero pronto una carta larga donde me cuentes muchas cosas de tu vida nueva en Japón. ¿Cómo está Tomo? ¿Y tus padres? Mándame una foto.

Aquí todas nos acordamos mucho de ti y te nombramos[3] muchas veces. Ya sabes el cariño que te tenemos. ¿Cómo te va en el colegio?

Preparando la casa para la Navidad me acordé de ti, recordando el año que la pasaste entre nosotras.

Elvira

あなたからのクリスマスと新年のお祝いのカードを受け取り、とても喜んでいます。あなたが大急ぎで突然日本へ行ってしまってから、ずっとあなたの様子を綴った手紙を待っていました。元気にしているだろうかとか、勉強の方はどうだろうかとか……。あなたからの便りがぜんぜんないので、とても不思議に思っていました。でも、あなたからの手紙が届いて、驚きと喜びでうれしくなってしまいました。今度は日本での新しい生活のことをいっぱい書いて、すぐに長い手紙をくださいね。とも君は元気ですか？　ご両親はいかがですか？　写真を送ってくださいね。

こちらではあなたのことをよく思い出して、よくあなたの話をします。私たちがどんなにあなたのことを大切に思っているかおわかりのことでしょう。学校はどうですか？

家にクリスマスの飾りつけをしながら、クリスマスを一緒に過ごした年のことを思い出して、あなたのことを懐かしく思っています。

NOTAS

1 **felicitación de Navidad**：「クリスマス・カード」
2 **cómo iban**：ir「(ある状態に) ある」
   ej. ¿Cómo le van los negocios? (あなたのビジネスはいかがですか)
3 **te nombramos**：nombrar a ＋人「…の名前をあげる」
   ej. Nombró todos los niños de la clase. (彼はクラスの子供たちの名をすべてあげた)

9.13 手紙へのお礼 (3)

Querido amigo:

　Tuvimos mucha alegría de tener noticias tuyas, pues tú sabes que todos en esta casa te apreciamos[1] mucho.

　Mi verano fue muy bien aunque nos hizo un tiempo bastante malo[2]. Muchas gracias por las atenciones[3] que tuviste con mi madre y tía durante mi ausencia, pues siempre dicen que eres como un hijo para ellas.

　¿Qué tal estás en Barcelona? ¿Te tratan bien? ¿Cuándo vas a venir por aquí? Si alguna cosa necesitas, no vaciles en[4] pedirlo.

　　　　　　　　　　　　　　　　　　　　　　　　　　　Miguel

あなたからの手紙を受けとってほんとうにうれしかった。なぜってあなたも知ってのとおり、この家では皆があなたのことを大切に思っていますから。

天気はかなり悪かったけれど、私は楽しい夏を過ごしました。私がいない時に母や叔母に親切にしてくれてありがとう。二人は、自分たちにとってあなたは息子みたいだっていつも言っているんですよ。

バルセロナで元気にやっていますか？ 皆さんよくしてくれますか？ いつ、こちらへ来ますか？ 何か必要な物があったら遠慮せずに言ってください。

NOTAS

1. **te apreciamos**：apreciar「高く評価する」。
   ej. Es el maestro a quien más *aprecia* el Director.（彼は校長が一番評価している先生だ）
2. **Mi verano fue muy bien aunque nos hizo un tiempo bastante malo**：「天気はかなり悪かったが、私にとって夏はとても良かった」
3. **atenciones**：複数形で、「心づかい、気配り」
4. **no vaciles en**：vacilar en ＋不定詞「…するのをちゅうちょする」
   ej. Vacilaba en comprarlo por si mi madre había comprado el mismo.（母が同じものを買ったかもしれないので私はそれを買うのをためらっていた）

9.14 結婚祝いへのお礼

Querido tío Rafael:

   Recibí tu regalo de boda. No tenías que haberte molestado[1]. De todas formas, te diré que tanto a mí como a mi flamante[2] esposa (y sobre todo a ella, porque es mujer) tu cristalería le hizo casi llorar de alegría.

   Te diré que, a pesar de que estamos recién llegados del viaje de novios, tus copas ya han tenido tiempo de ocupar el lugar de honor[3] en la vitrina del comedor.

   Espero que la tía y tú vengáis pronto a admirar el bonito efecto[4]. Otra vez gracias y muchos besos de los dos,

Domingo y Silvia

結婚祝いを受け取りました。気をつかってくれなくてもよかったのに。
でも、私や私の新妻（特に彼女にとっては、女性ですから）には送ってくださったガラス食器は涙が出るほどうれしいプレゼントでした。
私たちは新婚旅行から帰ってきたばかりですが、いただいたグラスは早くも飾棚の一番いいところに置かれていますよ。
おじさんたちが早くそれを見にきてくれるといいのにと思っています。本当にどうもありがとう。

NOTAS

1 **haberte molestado**：molestarse「わざわざ…する」
2 **flamante**：「輝くような、成りたての」
   ej. Pasea con su coche *flamante*.（彼は新車でドライブする）
3 **el lugar de honor**：「名誉ある位置」の意。
4 **admirar el bonito efecto**：「そのすばらしい印象をめでる」

9.15 訪問中に世話になった知人へのお礼

Mi distinguido señor:

Una vez finalizada la visita del Dr. Domingo García Sánchez a Japón, quiero agradecer a esa sociedad todo el apoyo recibido para que este viaje haya podido ser una realidad. En especial quisiera que transmitiera mi agradecimiento al presidente Masao Kato.

Confío[1] que la visita haya marcado un hito[2] importante en el conocimiento de nuestra historia, nuestra cultura y nuestra lengua en este país. Deseo asimismo que mantengamos un estrecho contacto para seguir cooperando en otros proyectos culturales en el futuro.

Secretario

ドミンゴ・ガルシア・サンチェス博士の日本訪問が終わりました。この訪問実現に向けていただきましたご助力に対して貴協会に感謝申し上げます。特に加藤正夫会長にはよろしくお伝えいただきたくお願い申し上げます。

今回の訪問が日本におけるわが国の歴史、文化、言語の普及にとって重要な出来事になったと確信しております。今後とも文化事業において協力関係を継続できますように連絡を取り合えればと願っております。

NOTAS

1 **Confío**（← confiar）：「信頼する→思う」
2 **hito**：「画期的な出来事」

9.16 大使館へのお礼

Excmo. Sr. Embajador:

En nombre del[1] Rector de la Universidad y en el mío como Presidente de la Junta de Directores de las Escuelas agradecemos a la Embajada de España todo el apoyo recibido con motivo de la visita del académico Dr. Julián Marías.

Esperamos sinceramente que la ciudad de Nagoya que es la capital de la Región Central de Japón y la Universidad sean un foco de atracción en el campo cultural para todas las futuras ilustres personalidades españolas que visiten a Japón.

Pedro Simón

学長の名において、また学園理事長としての私の名において、王立アカデミー会員フリアン・マリーアス博士の来訪に際して絶大なるご協力をいただきましたことに対し、スペイン大使館にお礼を申し上げる次第です。

今後も日本を訪れる著名なスペイン人にとって、中部日本の中心都市名古屋と当大学が文化の分野において魅力ある所でありますように心から願っております。

NOTAS

1 **En nombre de**:「…の名において、…に代わって」

9.17 弔慰へのお礼

Queridos amigos:

Espero con esta carta de gratitud a nuestros amigos poder expresaros todo el agradecimiento que me brota desde lo más hondo de mi corazón por la forma en que nos habéis acompañado a mi familia y a mí durante los últimos momentos de mi marido (q.e.p.d.)[1].

Gracias por tantas oraciones, por tantas palabras de aliento, por todas esas flores; gracias por vuestras lágrimas y vuestro dolor. Me he sentido profundamente emocionada por el cariño que le habéis manifestado.

Un saludo muy cordial,

(FIRMA)

皆様、夫の最後の瞬間まで、私の家族や私に付き添ってくださいましたことに対し、この手紙で深い感謝の意を表します。

たくさんの祈り、励ましの言葉、たくさんのお花をありがとうございました。皆さまの涙、悲しみにお礼を言います。私は、皆さまがたが彼に対して示してくださった愛情にとても深く感動しています。

NOTAS

1 **q.e.p.d.** : = que en paz descanse「安らかに眠りたまえ」

表現集

- [ ] Gracias por la carta del día 5 de mayo.
  5月5日付のお手紙をありがとう。
- [ ] Agradecemos muchísimo el magnífico obsequio que nos han enviado.
  すばらしいプレゼントを送ってくださり、本当にありがとうございます。
- [ ] Le agradezco la delicadeza de enviarme un ejemplar de su último libro.
  近著をお送りくださったお心遣いに感謝いたします。
- [ ] Tu bonito regalo me ha hecho muchísima ilusión.
  あなたからのすてきな贈り物、とってもうれしかったです。
- [ ] Quiero transmitirle mi más cordial gratitud.
  心からの感謝の気持ちをお伝えいたします。
- [ ] No sé cómo darte las gracias por el enorme favor que me has hecho.
  ご親切に何と感謝したらよいものでしょうか。
- [ ] No sé cómo agradecerte estos consejos tan valiosos.
  このような貴重な助言に対し、何とお礼を言ったらよいのかわかりません。
- [ ] Le agradezco de veras todas las atenciones que tuvo conmigo durante mi estancia en Sevilla.
  先般、セビリア滞在中にいただきましたご高配に深く感謝しております。
- [ ] Mucho te agradezco tu gestión que me ha ahorrado un viaje a Córdoba, en momentos en que el trabajo no me permitía desplazarme.
  仕事の都合で動きがとれなかったとき、君のおかげでわざわざコルドバへ行かずに済んでとても感謝しています。
- [ ] Mi señora me encarga (que) le dé las gracias en su nombre de todo corazón.
  妻からも心からの感謝の気持ちをお伝えするよう、よろしくとのことです。
- [ ] Le doy muchos recuerdos de parte de mi compañero.
  私の同僚からよろしくとのことです。

10 お詫び

　思わぬ行き違いから深刻な対立まで、人と人の間には時として思わぬ問題が生じることがあります。そうした時、自らに落ち度があるならば、それを認め、お詫びすることが問題解決の最善の道となります。相手が海外にいる場合、また近くに住んでいても直接詫びることが難しい場合など、状況は様々です。そうした母国語でも表現が難しいお詫びの感情がどうか相手に届きますようにと願って、心のこもった文章を集めました。電話に頼らず、ぜひお詫びのメールや手紙を認めたいものです。あなたの誠意はきっと通じることでしょう。

10.1 約束を取り消してください

Asunto: Perdón por la cancelación de la cita

Hola, amiga:[1]
Muy a mi pesar[2], he cogido un catarro.
Me veo obligada[3] a pedirte un favor.
Quisiera pedirte disculpas por la cancelación de la cita[4] para mañana.
Gracias por tu gentileza,
Aki Saito

とても残念ですが、風邪をひいてしまいました。
一つお願いをせざるをえません。
申し訳ありませんが、明日の約束を取り消してください。
あなたの親切に感謝します。

NOTAS

1 目上の人には、例文を3人称による丁寧な usted 表現に置き換えます：
   Estimado Sr.:
   Muy a mi pesar, he cogido un catarro. Me veo obligado a pedir*le* un favor. Quisiera pedir*le* disculpas por la cancelación de la cita para mañana. *Le* agradezco *su* gentileza.　Muy atentamente, Aki Saito

2 **a mi pesar**：a ＋所有形容詞＋ pesar「…の意思に反して」
   cf. desgraciadamente「残念ながら、不運にも」

3 **Me veo obligada**：verse obligado a ＋不定詞「…せざるを得ない」。書き手が男性のときは、obligado となります。

4 **cita**：「約束、予約、アポイントメント」
   ej. la *cita* para pasado mañana「明後日の約束」、la *cita* para el 1 de febrero「2月1日の予約」

10.2 返事が遅れてごめんなさい

Asunto: Perdón por mi lenta contestación

Querido amigo:
Perdón por[1] esta tardanza en contestarte[2].
Lo que pasa es que[3] mi ordenador ha estado estropeado[4].
Gracias por tu ayuda durante mi estancia en Madrid.
Espero volver a Madrid.
Un abrazo,
Tsutomu

お返事がこんなにも遅れてごめんなさい。
パソコンが壊れていたのです。
マドリード滞在中はたいへんお世話になりました。
またマドリードを訪れることを楽しみにしています。

NOTAS

1 **Perdón por ...** :「…のことをごめんなさい」。目上の人に丁寧に「申し訳ございません」と容赦を求めるときは次のように書きます：
   Le quisiera *pedir perdón* por esta tardanza.

2 ＝ Perdón por haber tardado en contestarte.

3 **Lo que pasa es que** :「実は…でした」
   ej. Nuestro tren llegó con retraso. *Lo que pasa es* que hizo muy mal tiempo.（私たちの乗った列車は遅れて到着しました。天気が非常に悪かったのです）

4 **mi ordenador ha estado estropeado** : estar estropeado「壊れている」
   cf. Mi coche *está averiado*.（私の車は故障しています）

10.3 メールが書けなくてごめんなさい

Asunto: Te debo mails

Querido amigo:
Perdón porque me cuesta escribir[1] mails.
Este verano, he estado visitando a mis amigos y he estado poco en Tokio[2].
Ha hecho muchísimo calor, pero ha sido un buen verano.
¿Cómo pasaste tú el verano?
Prometo escribirte muchos mails.
Un abrazo,
Kanako

メールがなかなか書けなくてごめんさい。
この夏、私はお友だちを訪ねて過ごし、あまり東京にいませんでした。
ものすごく暑かったけど、良い夏でした。
ところで、あなたの夏はどうでしたか？
これからはもっとメールを書くことを約束します。

NOTAS

1　**me cuesta**（← costar）**escribir** ... :「…を書くことがなかなかできない」
　　ej. Me cuesta mucho *aprender* los idiomas extranjeros.（私は外国語をなかなか覚えられない）

2　**he estado poco en Tokio**：poco「ほとんど…ない」と、否定的な意味合いを持つ副詞。
　　ej. Hay gente a que le gusta *poco* la corrida de toros.（闘牛があまり好きでない人がいる）

10.4 うっかりしていてごめんなさい

Asunto: Perdón por mi despiste

Querido amigo:
Hace tres meses que[1] volví de Valencia.
Hoy te escribo para pedirte perdón.
A decir verdad[2], hoy, cuando estaba revisando las cosas que tenía de mi estancia en España, ha aparecido un CD que me prestaste.
Parece que[3] se me olvidó devolvértelo.
¡Perdóname por mi descuido!
¿Puedes enviarme tu nueva dirección, para que te lo devuelva?
Hasta pronto,
Akira

バレンシアから帰って3か月が経ちました。
今日はあなたにお詫びがしたくてメールを書いています。
実は、今日、スペインに滞在していた時の荷物を整理していたら、あなたが貸してくれたCDが出てきました。
返却することを忘れてしまったようです。
うっかりしていてごめんなさい。
お返ししたいので、あなたの今の住所を教えてもらえますか。

NOTAS

1 **Hace tres meses que** ... : hace＋時間＋que...「…して…になる」。時の経過を表す表現。
 cf. Desde hace tres meses vivo en Sevilla. ＝ Llevo tres meses viviendo en Sevilla.
2 **A decir verdad**：「実を言えば」
3 **Parece que** ... :「…のようです」
 ej. Parece que la librería que usted busca estará en la Gran Vía.（あなたが探している本屋はグラン・ビア通りにあるようです）

10.5 煩わしい思いをさせてごめんなさい

Asunto: Perdón por la molestia

Querida amiga:
Me han dicho que[1] te marchaste a mitad de la fiesta anteayer.
Hoy, en el restaurante de estudiantes, me dijeron que fue a causa de mis palabras.
Para mí ha sido una gran sorpresa.
Tal vez mi uso incorrecto del español fuera la causa del malentendido.[2]
Créeme que no fue mi intención molestarte.
Te pido perdón si te he causado molestias.
Un abrazo,
Chika

あなたが一昨日のパーティーの途中で帰ってしまったと聞きました。
今日、学生食堂で、私が言ったことが原因だった、と言われました。
私は本当にびっくりしました。
私のスペイン語が不正確だったことが誤解の原因だったようです。
いやな思いをさせるつもりではなかったことを信じてください。
不快な思いをさせて、本当にごめんなさい。

NOTAS

1 **Me han dicho** (← decir) **que** ... ：＝ me dijeron (← decir) que ... 「…と聞きました、…ではということです」。3人称複数形による無人称表現。

2 **Tal vez mi uso incorrecto** ... **fuera la causa del** ... ：書き手の疑念が強いときは、Tal vez ＋接続法。
ej. Tal vez no *llegue* a tiempo. （もしかすると私は時間に間に合わないかも知れない）

10.6 お会いできず残念でした

Estimado Director:

　Siento mucho no haberlo encontrado para entregarle mi curriculum vitae[1] personalmente[2]. Me hubiera gustado[3] mucho hablar con usted, pero sé que en esta temporada todos los cargos de la sección de personal[4] están muy ocupados. Será en otra ocasión.

　　　　　　　　　　　　　　　　　　　　　　　Ramón Sánchez

履歴書を直接お渡ししたかったのですが、お会いできなくてとても残念です。お話をしたかったのですが、この時期、人事課の皆様はたいへんお忙しいこととわかっています。また別の機会によろしくお願いいたします。

NOTAS

1　**curriculum vitae**：「履歴書」(＝ historia personal)
2　**personalmente**：「個人的に、自ら、直接に」
　ej. Conozco al escritor *personalmente*.（私はその作家を個人的に知っている）
3　**Me hubiera gustado**：hubiera gustado は接続法過去完了で、過去の非現実を表す「できれば…したかった」
4　**sección de personal**：「人事課」。personal は集合名詞で「職員、人員」

10.7 手紙を書かなくてごめんなさい（1）

Querido amigo:

　Gracias por tus amables líneas. Discúlpame que nunca te conteste. Tú lo sabes bien, estoy muy, muy ocupado. Pero aunque no escribo te recuerdo siempre. Espero que tengas mucho éxito en 20XX.
　Manda saludos[1] a todos los que pregunten por[2] mí.

　　　　　　　　　　　　　　　　　　　　　　　　　　　Andrés

親切なお手紙ありがとう。一度も返事を書かなくてごめんなさい。君もよく知っているとおり、私はとても忙しいんです。手紙は書けなくてもいつも君のことを思い出していますよ。20XX 年がすばらしい年でありますように祈っています。

私のことをたずねてくれる人があれば、その方たちによろしく伝えてください。

NOTAS

1 **Manda saludos**：「よろしく」の意。
2 **pregunten**（← preguntar）**por**：「(人について) たずねる」
 ej. Ha venido Carmen *preguntando por* ti.（君のことをたずねてカルメンが来た）

10.8 手紙を書かなくてごめんなさい (2)

Querida amiga Yukako:

¿Cómo estás?, espero que te encuentres bien de ánimo y de salud[1]. Siento no haberte escrito antes, pero es que perdí mi carpeta de apuntes y en ella había una carta para ti y la verdad es que creí que te la había enviado, así que cuando Alicia me dijo que todavía no te habíamos escrito me extrañé bastante y me acordé de lo que pasó. Así que perdona, no volverá a ocurrir, lo prometo.

Besos,

Regina

元気ですか。心身ともに元気でいてくれるといいけど。もっと早くに手紙を書かなくてごめんなさい。でも、というのはノートのファイルを失くして、その中にあなたあての手紙が入っていたの。私はもうてっきりあなたに手紙を出したと思っていたの。そしたらアリシアが「まだ私たちの誰も由佳子に手紙を書いていない」って言ったので、とても不思議だったわ。そして、何が起こったかやっと思い出したの。ごめんなさいね。こういうことはもう二度と起きないって約束するから。

NOTAS

1 **te encuentres bien de ánimo y de salud**：encontrarse（＝ estar）bien de ánimo y

de salud 「気力も体力も充実している」

10.9 誤解についてお詫びいたします

Muy estimado señor:

　Le pido mil perdones por el malentendido que ha habido entre nosotros en relación a[1] mi billete de avión.

　Sentiría mucho que tomara a mal[2] el hecho[3] de no haberlo comprado en su agencia[4]. Pero surgieron algunos imprevistos y no fue posible viajar en esas fechas.

　Le agradezco de todo corazón su esfuerzo y comprensión.

　Muy cordialmente,

　　　　　　　　　　　　　　　　　　　　　　　　　　Blanca

航空券のことで生じた誤解について、心からお詫びいたします。
貴代理店で購入しなかったことを悪くおとりになるととても残念です。予期せぬことが起こり、旅行できなかったのです。
ご尽力とご理解に心から感謝いたします。

NOTAS
1　**en relación a**：「…に関して」
2　**tomara**（← tomar）**a mal**：「悪意にとる、曲解する」
3　**hecho**：「事実、出来事」
4　**agencia**：ここでは＝ agencia de viajes「旅行代理店」

表現集

- [ ] Perdone mi largo silencio.
  長らくご無沙汰いたしまして申し訳ありません。
- [ ] Siento de todo corazón no poder serle útil.
  あなたのお役に立てなくて誠に残念です。
- [ ] No sabéis cuánto siento no haber podido asistir a la cena de anoche.
  昨日の夕食へのお招きに伺えなかったことをお詫び申し上げます。
- [ ] Por tener compromisos anteriores, lamento no poder aceptar la invitación para el próximo día 9 de junio.
  先約がありますため、来る6月9日のご招待をお受けできなくて残念です。
- [ ] Lamentamos muchísimo no poder acompañaros en vuestra boda, ya que para ese día ya tengo otro compromiso.
  当日、先約があり、あなたがたの結婚式に参列できず誠に残念です。
- [ ] Le pido mil perdones.
  本当に申し訳ありません。
- [ ] Vuelvo a pedirle perdón.
  もう一度お詫び申し上げます。
- [ ] Ruego que disculpes las molestias que te haya podido ocasionar.
  君にかけた面倒を許してください。

11　ラブレター

　この章に至るまで、人生の様々な場面を語る実にたくさんのメールや手紙を見てきました。でも、まだ何か足りないと感じている人がいるかも知れませんね。「思いやりは表現できても、まだ愛情が表現できない」という方にこの章を捧げます。好きな人に自分の思いをどうしても伝えたい。「好きです」という気持ちだけではもう満足できない時、その反対に、「あなたとはよいお友だちでいましょう。ごめんなさい」なんてさらりとかわしたい時はどうしたらいいのでしょうか。
　古来から誰でも恋をすれば詩人になると言われます。この章の後半では、その感情豊かな世界を大胆にも3つの手紙のやり取りに大別してみました。

11.1 カフェに行きませんか

> Asunto: Vamos al café
>
> Querido amigo:
> Hay un nuevo café cerca de mi casa.
> Allí tiene unas tartas de chocolate muy deliciosas.
> Te encanta el chocolate, ¿verdad?
> ¿Quieres ir conmigo[1] el próximo viernes[2]?
> Espero tu respuesta por teléfono o por e-mail.
> Un beso,
> Kana

私の家の近くに新しいカフェができました。
チョコレートケーキがとても美味しいカフェです。
あなたはチョコレートが大好きでしたよね。
来週の金曜日に私と出かけませんか？
電話またはメールのお返事、待っています。

NOTAS

1. **Quieres ir conmigo**：「私と一緒に…出かけませんか」。人を誘うタイプのこの表現は応用度の高いものです。例文中の「時の表現」を以下のような「場所の表現」に置き換えることもできます。この場合、場所の前には前置詞 a が必要です。
   ej. ¿Quieres ir conmigo a Mitsukoshi? = ¿Te apetece ir conmigo a Mitsukoshi?（私と一緒に三越へ行きませんか）
   もっと丁寧な誘いの表現としては次があります。
   ej. ¿Te gustaría ir conmigo a Mitsukoshi?（よかったら私と一緒に三越へ行きませんか）

2. *cf.* el próximo sábado por la tarde「つぎの土曜日の午後」、el próximo domingo a mediodía「つぎの日曜日のお昼に」

11.2 映画に行きませんか

Asunto: Vamos al cine

¡Hola, Angelita!:
¡Cuánto tiempo sin vernos![1]
Hoy precisamente me he acordado de ti al abrir el periódico. ¿Sabes por qué?
He visto el anuncio de una nueva película que parece interesante. Como sé que te gusta el cine, he pensado que podríamos ir a verla juntos.
¿Qué te parece el domingo a las 2 de la tarde?
No me digas que no[2], ¿eh?
Hasta entonces,
Takeshi

久しぶりですね。
今日、まさに新聞を広げて君のことを思い出したところだったのです。
どうしてかわかりますか？
おもしろそうな映画の宣伝を見たんです。
君が映画好きだって知っているから、いっしょに見に行こうかと思ったのです。
日曜日の午後2時というのはいかがですか？
だいじょうぶですよね。

NOTAS

1 **¡Cuánto tiempo sin vernos!**：tiempo の後に ha pasado が省略されています。
2 **No me digas que no**：que no の後に puedes ir が省略され、「行けないなんて言わないでください」の意。digas は decir の接続法現在形。

11.3 スペインに行きます

Asunto: Voy a España

Querido amigo:
¿Qué plan tienes para este verano?[1]
¿Vas a estar en Madrid?
Pienso ir a España este verano[2].
Quiero verte pronto.
Espero tu e-mail.
Un cordial saludo,
Manaka

この夏にはどんな計画をしていますか？
マドリードにいますか？
この夏にスペインに行こうと思っています。
はやく会いたいです。
あなたからのメールを待っています。

NOTAS

1 **¿Qué plan tienes para este verano?**： = ¿Qué vas a hacer este verano?（この夏は何をしますか？）
2 *cf.* este otoño「この秋に」、este invierno「この冬に」、esta primavera「この春に」

11.4 愛しい人へ

Mi amor[1]:

Ha pasado un mes desde que te fuiste a España y no me acostumbro a tu ausencia. Te echo mucho de menos. En mi vida faltas tú, que eres parte de ella y ando como desorientada sin tu apoyo.

Sé que estás cumpliendo con tu deber y me alegro. También sé que piensas en mí[2], que tu amor aumenta con la distancia y me siento segura de él, pero cuento los días que faltan hasta que[3] nos volvamos a ver[4]. ¡Te quiero tanto!

Con todo mi cariño,

Haruka

あなたがスペインへ行ってから1か月がたちました。私はあなたがいないことにまだ慣れません。あなたが恋しい。私の生活にあなたがいないのです。あなたは私の生活の一部です。私は、支えをなくして途方に暮れています。

あなたにはお仕事があるってこと、それはそれでいいの。私のことを思っていてくれるってこと。あなたの愛は距離とともに大きくなり、その愛を確かなものと感じています。でも、あと何日たったら会えるか指折り数えています。あなたのことが大好きです！

NOTAS

1 **Mi amor**：「(恋人同士や子供などに呼びかけて)愛しい人へ、可愛い人へ」。同じ意味で、¡Mi cielo!「私の空→大切な人」などがあります。

2 **piensas en mí**：pensar en ...「…のことを考える、思う」

3 **hasta que nos volvamos a ver**：hasta que ＋接続法「…するまで」
   ej. Te esperará *hasta que* vuelvas.（彼は君が帰ってくるまで待つでしょう）

4 **volvamos a ver**：volver a ＋不定詞「再び…する」

11.5 君がそばにいてくれたら（返事）

Vida mía[1]:

 Estando tan lejos de ti espero tus cartas con impaciencia[2]. Ellas me traen algo de ti y me hacen más llevadera la ausencia[3]. ¡Cuánto me gustaría que estuvieras aquí y pudiéramos pasearnos por los parques como tantos enamorados! ¡No sabes la envidia que me dan[4]! Pero te llevo en mi corazón y tu recuerdo me da fuerza cada día. No me olvides, por favor. Ya falta menos para que nos veamos de nuevo, y ya estoy disfrutando al pensar en ese día. Hasta entonces recibe un fuerte abrazo y todo mi amor,

Jorge

こんなにも遠く離れていて、ぼくは君の手紙を一日千秋の思いで待っています。君からの手紙は君の一部だから、君がいないことだって我慢できるようにしてくれるんだ。それにしてもここに君がいて、多くの恋人たちのように公園を散歩することができたらどれほどいいことか！　彼らのことがうらやましいかぎりだよ。でもいいさ、ぼくの心の中には君がいて、君のことを思い出すと、いつも力が湧くんだ。ぼくのことを忘れないでほしい。再会の日はもうじきだね。その日のことを考えるとぼくはうれしくなってしまいます。また逢う日まで。

NOTAS

1 **Vida mía**：「（恋人同士や母親が子供に呼びかけて）愛しい人へ、可愛い人へ」などの意。
2 **espero tus cartas con impaciencia**：esperar ... con impaciencia「…を待ちかねる」
3 **me hacen más llevadera la ausencia**：llevadero は形容詞「我慢できる」で、la ausencia と性数一致をしています。me hacen の主語は ellas ＝ tus cartas.
   ej. Una molestia *llevadera*「耐えられる範囲の不快さ」
4 **la envidia que me dan**：dan の主語は前の文の tantos enamorados「恋人たち」

11.6 恋人として交際してください

Querida Mónica:

　Te extrañará que[1] te escriba cuando nos vemos con tanta frecuencia, pero lo que te quiero decir no sé cómo expresarlo[2] de palabra.

　Hasta ahora hemos sido buenos amigos, pero me he dado cuenta de que[3] mi amistad se ha convertido en un sentimiento mucho más fuerte. Te amo, ya no puedo vivir sin ti. Me paso el día pensando en ti, en los momentos felices que hemos pasado juntos y en los que sueño con pasar. ¿Sientes tú lo mismo por mí?[4] Sería el hombre más feliz del mundo si te oyera decir que sí. Espero tu respuesta con ansiedad.

　Recibe todo el amor de,

　　　　　　　　　　　　　　　　　　　　　　　　　　Ichiro

　いつも会っているのに君に手紙を書くことを不思議に思うかもしれません。でも君に言いたいことをどうやって口で表現したらいいかわからないからなのです。
　今までぼくたちは良い友だちでした、でもぼくは自分の友情が何かずっと強い感情に変化したことに気づいたんです。君のことを愛しています。もう君なしには生きていけません。君のことを思って日々暮らしています。いっしょに過ごした幸せな時を思い、これから過ごす時のことを同じように思っていてくれますか？　君が「イエス」と言ってくれたら、ぼくは世界中で一番幸せな男でしょう。心から君の便りを待っています。

NOTAS

1 **Te extrañará que**：extrañar a ＋人＋ que ＋接続法「…に不思議に思える」
　ej. Me extraña que te lo haya dicho.（彼が君にそう言ったなんておかしい）
2 **lo que te quiero decir no sé cómo expresarlo**：expresarlo の lo は lo que te quiero decir を受けます。
3 **me he dado cuenta de que**：darse cuenta de que「（que 以下のことに）気づく」
4 **Sientes tú lo mismo por mí**：「ぼくに対しても同じことを感じる」

11.7 とってもうれしいです（返事）

Mi querido Ichiro:

　Esperaba todos los días que me dijeras lo que ya veía en tu mirada: que me amas. ¡Cuánto has tardado en decírmelo y qué ansiosa estaba por escucharlo! ¿Y me preguntas si siento lo mismo por ti? ¿Es que no lo has notado? Quisiera que vieras lo feliz que soy[1] en estos momentos y las ganas que tengo de verte para que nos digamos todo el amor que llevamos en el corazón el uno para el otro[2].

　Espero ese momento con alegría y te mando ahora todo mi cariño.

Tu Mónica

私があなたの瞳の中に見ていたことをあなたに言ってほしいって毎日思っていました。私のことを愛してるって、でも、何て長くかかったんでしょうか！　どれほどその言葉を聞きたかったことでしょうか！　私があなたに同じことを感じていますかって？　それに気づかなかったのですか？　この瞬間どれほど私が幸せか、そしてお互いに心の中で感じている愛についてどんなに語り合いたいか知ってほしい。

NOTAS

1　**lo feliz que soy**：lo＋形容詞＋que ...「どんなに…であるか」。形容詞は que 以下の主語と性数が一致します。副詞が来ることもできます。
　ej. Imagínate *lo rápido que* corre el tren "bala". （新幹線がどれほど速く走るか想像してみてね）

2　**el uno para el otro**：「お互いに」

11.8 なぜお便りくださらないのですか

Mi amado[1] Pedro:

　Hace tres semanas que no tengo noticias tuyas y esto me llena de inquietud. ¿Qué te pasa? ¿Se ha enfriado tu amor por mí? ¿Estás tan ocupado que[2] no tienes unos minutos para ponerme unas letras[3]? Esta incertidumbre me hace sufrir y me gustaría que fueras sincero conmigo.

Por favor escríbeme y sácame de estas dudas que me hieren el corazón.

Yo, por mi parte, sigo sintiendo el mismo amor que siempre te he confesado; por eso no me gustaría que me engañaras[4].

Te sigue queriendo muchísimo,

Yuko

あなたからの便りが来なくなって3週間、私は不安で一杯です。どうかしたのですか？ 私への愛はもう覚めてしまったのですか？ 忙しくってちょっとした手紙すら書いてくださる時間がないのですか？ この不安な気持ちが私を苦しめます。どうか正直に思っていることを言ってください。

お手紙をください、そして私の心を傷つけるこの迷いから救い出してください。

私はいつもあなたに伝えてきた変わらぬ愛を感じつづけています。ですから私に本当のことを言ってください。

あなたのことを今もとても愛しています。

NOTAS

1 **Mi amado**：ペドロに amado「恋しい」と呼びかけています。
2 **Estás tan ocupado que**：tan ... que ...「あまり…なので…だ」
3 **ponerme unas letras**：poner = escribir, unas líneas は「短い手紙」ほどの意。cuatro líneas も同義。ちなみにスペイン語で cuatro は、「わずかな」の意味があります。*ej.* No tenía más que *cuatro* cosas.（彼はほとんどものを持っていなかった）
4 **no me gustaría que me engañaras**：「裏切らないでほしい」

11.9 今後はよい友だちとして（返事）

Mi querida Yuko:

　Me ha dado mucha tristeza saber que estás sufriendo por mi causa y te pido perdón. Eres para mí muy importante y no quiero hacerte daño. Pero tengo que confesarte que necesitaba meditar en silencio durante un tiempo para analizar mis sentimientos hacia ti.

　He pasado unos días terribles de dudas y dolor, y ahora te puedo decir con bastante seguridad, que me he dado cuenta de que ya no siento cariño por ti. Sé que te quiero como a una amiga muy especial, pero no te amo como para unir mi vida a la tuya en matrimonio[1]. Lo siento de veras porque sé el dolor que te causo, pero veo que es mejor decirnos la verdad. No me guardes rencor, por favor.

　Recibe un abrazo de un amigo que te quiere,

　　　　　　　　　　　　　　　　　　　　　　　　Pedro

　君がぼくのせいで苦しんでるって知ることはとても悲しいことでした。ごめんなさい。君はぼくにとって大切な女性だし、君を傷つけたくありません。しかし、正直いって君に対する自分の感情を分析するためにしばらくの間沈黙の中でよく考える必要があったのです。

　迷いと苦しみでやるかたない日々を過ごしました。そして今、確かな確信を持って、君への愛情がもうなくなってしまったって気づいたんです。君のことはとっても特別な友だちとして好きだって思う。でも結婚という形で、自分の人生を君の人生に結びつけるためのものとしては、君のことを愛してはいないのです。君の苦しみがわかるだけにとっても悲しく思います。でもお互いに本当のことを言うほうがいいと思います。どうかぼくのことを恨まないでほしい。

NOTAS
1　**como para unir mi vida a la tuya en matrimonio**：つまり「結婚の対象として」の意。

付　　録

1. 履歴書（Curriculum Vitae）
2. ファックス送付（El envio de Fax）
3. 伝言（el recado）
4. 委任状（la autorización）
5. 領収書（el recibo）
6. 運転免許証（el permiso de conducción）
7. 成績証明書（el certificado de calificaciones）

1. 履歴書 (Curriculum Vitae)

例 1)

CURRICULUM VITAE

Nombre y apellido	: Taro Yamada
Fecha de nacimiento	: 24 de diciembre de 19XX
Lugar de nacimiento	: Osaka.
Nacionalidad	: japonesa[1]
Domicilio actual	: 2-22 Kanazawa-ku, Yokohama-shi, Kanagawa.
Estado civil	: casado
Estudios	: Me gradué en el Instituto de Yodogawa el 31 de marzo de 19XX.
	Ingresé en la Facultad de Ciencias Económicas de la Universidad de Kioto el 5 de abril de 19XX.
	Terminé los estudios en dicha Facultad el 20 de marzo de 19XX.
Experiencia laboral	: Desde 19XX hasta el presente he trabajado en la sección de Cuentas Extranjeras del Banco de Japón.
Idiomas extranjeros	: Poseo buenos conocimientos de español e inglés[2].
Informes	: Se proporcionarán a petición.

Yokohama, 7 de junio de 20XX

(FIRMA)

履 歴 書

氏名	：山田太郎
生年月日	：昭和 XX 年 12 月 24 日
出生地	：大阪
国籍	：日本
現住所	：神奈川県横浜市金沢区 2-22
身分	：既婚
学歴	：昭和 XX 年 3 月 31 日　淀川高校卒業
	：昭和 XX 年 4 月 5 日　　京都大学経済学部入学
	：昭和 XX 年 3 月 20 日　京都大学経済学部卒業
職歴	：昭和 XX 年より現在まで日本銀行外国為替課にて勤務す。
外国語能力	：スペイン語ならびに英語に堪能
本人についての照会	：必要に応じて提出します。

平成 XX 年 6 月 7 日　横浜にて作成

NOTAS

1. Nacionalidad に性が一致しているので、男性でも japonesa と書くこと。
2. *cf.* Inglés y francés con bastante fluidez「英語とフランス語がかなり流暢」; francés a nivel de conversación, lectura y escritura「話し、読み、書くのレベルでフランス語ができる」; español con soltura「スペイン語が流暢」

例2)

CURRICULUM VITAE

Nombre y apellido : Naomi Hiroe
Fecha de nacimiento : 3 de marzo de 19XX
Lugar de nacimiento : Kioto
Nacionalidad : japonesa
Domicilio actual : 5-55 Kanda, Chiyoda-ku, Tokio.
Estado civil : soltera
Estudios : <u>19XX-19XX</u> Departamento de Español de la Facultad de Lenguas Extranjeras de la Universidad de Nanzan.
<u>19XX-19XX</u> Facultad de Filología, Sección de Literatura Hispánica, en la Universidad de Madrid.
<u>19XX-19XX</u> Cursos monográficos de doctorado en la misma Universidad.
<u>20XX</u> Título de Doctora en Filología Hispánica por la misma Universidad.
Titulos : Bachiller de Artes Liberales (Universidad Nanzan).
Licenciada en Filología Hispánica (Universidad de Madrid).
Doctora en Filología Hispánica(Universidad de Madrid).
Experiencia : <u>20XX-20XX</u> Profesora interina de la Universidad de Cáceres.
Situación profesional : Profesora agregada de la Universidad de Kanto.

Tokio, 2 de febrero de 20XX

(FIRMA)

履 歴 書

氏名　　：広江直美
生年月日：昭和XX年3月3日
出生地　：京都
国籍　　：日本
現住所　：東京都千代田区神田5-55
身分　　：独身
学歴　　：平成XX年～同XX年　南山大学外国語学部イスパニヤ科在学
　　　　　平成XX年～同XX年　マドリード大学文学部スペイン文学科在学
　　　　　平成XX年～同XX年　マドリード大学大学院在学
　　　　　平成XX年　マドリード大学大学院にて博士号取得(スペイン文学専攻)
免状　　：文学士（南山大学）
　　　　　文学修士（マドリード大学）
　　　　　文学博士（マドリード大学）
教歴　　：平成XX年～同XX年　カセレス大学非常勤講師
現職　　：関東大学准教授
　　平成XX年2月2日　東京にて作成

2. ファックス送付（**El envío de Fax**）

　ファックスで文書のやりとりをするとき、第1ページまたはそのはじめの部分に「送付案内」を付けることは受取人にとってもきわめて有益なことと言えます。

　ここでは、スペインのマラガにある国営ホテル〈パラドール・ネルハ〉に部屋を予約するファックス文を取り上げてみます。この「送付案内」には8項目にわたって通常必要と考えられる情報が盛り込まれています。これを参考にして、自分だけのデザインをほどこした楽しい「送付案内」を考案してみるのはいかがでしょうか。相手に自分の心を伝える貴重なスペースになるかもしれません。

FAX

A[1]: Parador de Nerja (Málaga)　　FECHA[2]: 25 de febrero de 20XX
DE[3]: Miki Nakai　　　　　　　　　SU FAX[4]: 34-5-25220XX
ASUNTO[5]: Reserva alojamiento
　　　　　　　　　　　　　　Nº PÁGINAS (INCLUIDA ÉSTA)[6]: 1

　　　　　　　　　　　　　　MI FAX[7]: 3-XXXX-3797

　　　　　　　　　　MENSAJE[8]

　Le agradecería que me reservara dos habitaciones para el período del 10 al 12 de abril, ambos inclusive: Una habitación doble y otra sencilla.

　Esperando su respuesta y muy agradecida por su atención, le queda suya afma.

　　　　　　　　　　　　　　　　　　　　　　　Miki Nakai

　　　　　　　　メッセージ

　4月10日から12日を含めて2部屋の予約をお願いします。ダブルの部屋を一つとシングルを一つ。

　ご返信をお待ちしています。

　敬具

NOTAS

1 **A**：宛先、PARA とも書く。
2 **FECHA**：発信日。
3 **DE**：発信人。
4 **SU FAX**：宛先の FAX 番号。
5 **ASUNTO**：件名。
6 **Nº PÁGINAS (INCLUIDA ÉSTA)**：送付枚数（「送付案内」を含む）。
7 **MI FAX**：当方の FAX 番号。
8 **MENSAJE**：本文。

3. 伝言（el recado）

例1）

> Querido Goro:
>   Vine a la compañía y pasé a verte solamente para saludarte. Hace tiempo que no charlamos durante un buen[1] rato. Si puedes hablarme mañana por teléfono y nos ponemos de acuerdo[2]. Hasta pronto.
>   Roberto

会社に来ましたので挨拶に寄ってみました。しばらく、ゆっくりお話ししていませんね。もしできたら明日電話をください。そして（いつ会うか）決めましょう。ではまた。

NOTAS

1 **buen**（← bueno）：「かなりの」
2 **nos ponemos de acuerdo**：ponerse de acuerdo「意見の一致を見る」

例2）

> Juan:
>   ¿Acaso somos el gato y el ratón? Cuando tú me vas a buscar yo no estoy, y viceversa. ¿Nos llegaremos a encontrar? Llámame hoy a las

nueve de la noche en punto. ¿Vale? ¡Chao![1]

Patricia

もしかして私たち猫と鼠かしら？　あなたが私を探すときは私がいないし、私があなたを探すときはあなたがいないし。出会えるってことあるかしら？　今夜9時ぴったりに電話をかけてきてね。さよなら。

NOTAS

1 **¡Chao!**：＝ ¡Adiós!

例3）

¡Hola! Catalina:
　　Estoy tratando de localizarte[1] en todas partes, pero no ha sido posible. Urge que te comuniques con el Sr. Yamabe hoy mismo. Tú ya tienes sus datos[2]. Nos vemos el sábado.

Keiko

ありとあらゆる所を探したけど、あなたを見つけられなかったわ。至急、本日中に山辺氏と連絡をとってください。その人の連絡先は知っているわね。私たちは土曜日に会いましょう。

NOTAS

1 **localizarte**：「(君の) 居場所を探し当てる」
2 **sus datos**：「住所・電話番号などの連絡先」の意。

4. 委任状（la autorización）

　　Takashi Murakami, con Pasaporte japonés n°. MH 55.666.777, expedido en Tokio, el 23 de octubre de 20XX y domicilio en Madrid, calle Serrano, 12-3°C,

AUTORIZA:

a D.ª Masayo Murakami, portadora de la presente[1], para que retire el paquete postal que se halla a mi disposición en la Oficina de Correos de la calle de Ramón y Cajal.

Madrid, 20 de febrero de 20XX

Fdo.[2] Takashi Murakami

日本国パスポート所持者（20XX 年 10 月 23 日　東京にて発行　パスポート番号 MH 55.666.777、現住所マドリード市セラーノ通り 12 番 3 階の C）村上隆は、本状の持参人、村上昌代さんに以下のことを委任します：

ラモン・イ・カハル通りの郵便局で私あての小包を受け取ること。

20XX 年 2 月 20 日　マドリードにて

NOTAS

1 **la presente**：＝ la presente carta
2 **Fdo.**：＝ Firmado/a

5. 領収書（el recibo）

例 1）

20 de noviembre de 20XX

RECIBÍ de la Srta. María Aguirre la cantidad de[1] "82,50 euros" (OCHENTA Y DOS CON CINCUENTA CÉNTIMOS) en concepto de[2] pago adelantado[3] por la compra de cinco libros de literatura japonesa.

Nozomi Kurachi

20XX 年 11 月 20 日

マリア・アギーレさんから日本文学の書籍五冊の立替代金として 82.50 ユーロを受け取りました。

> **NOTAS**
>
> 1 **la cantidad de**：「金額…」
> 2 **en concepto de**：「…として」。*ej. en concepto de* indemnización「賠償金として」
> 3 **pago adelantado**：「立替金」

例2)

> He recibido de D. Antonio Cerezo Gómez la cantidad de 800 (ochocientos) euros, por importe del alquiler de la casa de mi propiedad, Paseo del Prado, nº 33, correspondiente al mes de la fecha.
> El Escorial, 15 de diciembre de 20XX.
> Son 800 euros.
>
> Fda. Juana Granja Pascual

アントニオ・セレソ・ゴメス氏より、プラド通り33番地に私が所有する家の今月分の家賃として、800ユーロを領収致しました。

20XX年12月15日　エル・エスコリアル

800ユーロ也

6. 運転免許証（el permiso de conducción）

> TRADUCCIÓN
>
> Nº 12-005
>
> PERMISO DE CONDUCCIÓN DE AUTOMÓVILES
> Nº del Permiso: 222222444444
> 　Expedido por la Comisión de Seguridad de: Tokio
> Fecha de Expedición　：5 de diciembre de 20XX
> Plazo de Validez　：Hasta 25 de noviembre de 20XX
> Nombre del Titular　：Toshihiro Wada
> Fecha de Nacimiento　：25 de noviembre de 19XX
> Domicilio Permanente：12-34 Akasaka, Minato-ku, Tokio, Japón

Domicilio Actual	: Rambla de Cataluña, 26-3º F, 08002 Barcelona, España
Clase de Permiso	: Para toda clase de automóviles y vehículos con dos ruedas (Equivalente a la categoría A y B en España).
Notas	: El interesado precisa utilizar gafas graduadas para su visión.

LA EMBAJADA DE JAPÓN EN ESPAÑA, DECLARA:

Que la anterior traducción concuerda con el texto japonés del permiso original para conducción del vehículo a que la misma se refiere.

Y para que conste y así pueda acreditarlo el interesado, se expide la presente declaración en Madrid a catorce de enero de dos mil XX.

翻　訳

運転免許証
NO.　222222444444　　　東京都公安委員会
交付　　　：20XX 年 12 月 5 日
有効期限　：20XX 年 11 月 25 日まで
氏名　　　：和田敏裕
生年月日　：19XX 年 11 月 25 日
本籍　　　：東京都港区赤坂 12 丁目 34 番地
現住所　　：郵便番号 08002　スペイン国バルセロナ市ランブラ・デ・カタルーニャ通り 26 番 3 階 F
免許の種類：全ての四輪車および二輪車（スペイン国の A, B 部門に相当）
免許の条件：眼鏡等使用のこと

在マドリード日本大使館は以下のことを証明する：
上記の翻訳は、運転免許証の日本文に一致する。
　本翻訳が真正のものであり、かつ当事者がそのことを証明することができるように、20XX 年 1 月 14 日、マドリードにて本書を発行する。

7. 成績証明書（el certificado de calificaciones）

CERTIFICADO DE SUFICIENCIA
EN LENGUA ESPAÑOLA

D.ª Mari Futamura ha asistido a las enseñanzas del Curso para Extranjeros, celebrado en la Universidad Internacional de Menéndez Pelayo, del 30 de julio al 31 de agosto, y ha demostrado SUFICIENCIA en lengua española con las calificaciones siguientes:

  Dictado   6 puntos (Aprobado)
  Composición 7 puntos (Notable)
  Traducción   8 puntos (Notable)
  Gramática   9 puntos (Sobresaliente)
  Literatura   10 puntos (Sobresaliente)
  Calificación final NOTABLE

Dado en Santander a dos de septiembre de dos mil XX.

        Dr. Emilio LORENZO
        EL SECRETARIO GENERAL

スペイン語成績証明書

　二村麻里さんは、7月30日から8月31日にかけてメネンデス・ペラーヨ国際大学における外国人のためのスペイン語コースに参加され、「スペイン語」において以下の成績をおさめ、合格されました。

  聞き取り 6点（可）
  作文   7点（良）
  翻訳   8点（良）
  文法   9点（優）
  文学   10点（優）
  総合評価 「良」

20XX年9月2日　サンタンデールにて

        事務局長　エミリオ・ロレンソ博士

語句索引

あ

挨拶	el saludo *13, 17*
(…に) 挨拶する	dar un abrazo a ＋人 *82*
会う	encontrarse con *131*
(…に) 会う約束をする	conceder una cita a ＋人 *145*
悪意にとる	tomar a mal *199*
味わう	saborear *97*
与える	brindar *96* / proporcionar *96* / proveer de … *114*
(…の) 辺りで	por *29*
(…に) 当たる	tocar a ＋人 *60*
暑い	hace calor *27*
(…で) あってほしい	ojalá ＋接続法 *48*
…宛て	a la atención de *154*
宛名	la dirección / las señas / el domicilio *18*
当てにする	contar con *67*
アポイントメント	cita *192*
あまり…なので…だ	tan … que … *209*
(…を) 甘んじて受け入れる	tomarse ＋事＋ con filosofía *167*
あらかじめお礼を申し上げつつ	dándole las gracias de antemano *115*
(…で) ありますように	desear que ＋接続法 *53*
歩いて…以内のところに	a menos de … a pie *143*
歩いて…のところに	a … a pie *74*

い

E メール	correo electrónico / correo / e-mail / mail *26*
(…は) いうまでもなく	ni que decir tiene que ＋直説法 *182*
(…で) いかがお過ごしですか？	¿Qué tal en …? *97*
(…は) いかがですか？	¿Qué tal por …? *98* / ¿Qué te parece …? *203*
行くことに決めたら	Si al final ir / Si decido ir *26*
いくつかの…	unos cuantos … *37*
(…の) 意思に反して	a ＋所有形容詞＋ pesar *192*
急いで…する	apresurarse a ＋不定詞 *68*
…いたします	me permito ＋不定詞 *152*
(…するに) いたる	llegar a ＋不定詞 *150*

223

1時間以内の所に	a menos de una hora *143*
1年以内に	en menos de un año *144*
1週間	ocho días *82, 178*
(…ならば) いつでも	siempre que ＋接続法 *98*
愛しい人へ	mi amor *205* / vida mía *206*
委任状	la autorización *218*
今のところ	por ahora *26*
今のところはこれだけです	Nada más por ahora. *150*
今は	de momento *26*
(…の) 依頼につきまして	respondiendo a su petición de … *151*
いろいろありがとう	Muchas gracias por todo. *75*

う

受取人	el destinatario *13*
(…にとって) うまくいかない	salir mal a ＋人 *179*
(…にとって) うまくいく	salir bien a ＋人 *179*
(…は…で) うれしい	dar a ＋人＋ alegría de que ＋接続法 *58*
うれしく思う	alegrarse de que ＋接続法 *31* / tener el placer de ＋不定詞 *118*
うわさ話として	como cotilleo *39*
運転免許証	el permiso de conducción *220*

え

絵はがき	la postal *20*
(…へ) 遠足にいく	hacer una excursión a … *128*
遠慮せずに	no dudes en ＋不定詞 *31, 35*

お

(…のことで…に) お祝いを言う	dar a ＋人＋ la enhorabuena por … *67*
大いに	largo *93*
おかげさまで	gracias a Dios *177, 178*
(あなたの) おかげで	gracias a ti *174*
(…に) お悔やみを言う	dar a ＋人＋ el pésame *169*
送る	enviar *72*
起こる	tener lugar *99*
(…するのが) 遅い	ser lento para ＋不定詞 *35*

恐れ入りますが…していただけますか	¿sería usted tan amable de ＋不定詞？ *123*
(…ではないかと) 恐れる	tener miedo de que ＋接続法 *42*
お互いに	el uno para el otro *208*
落ち込んでいる	estar deprimido *48*
落ちついて	con detenimiento / detenidamente *155*
お茶でも飲みに行く	tomar una copa *100*
お茶をする	tomar té *90*
お願いがあります	Me gustaría pedirte un favor. *128*
(…で) お待ちしています	Le esperaré en … *28* / Le espero en … *78*
おめでとう	¡Felicidades (por…)！ *52* / ¡Enhorabuena (por…)！ *52, 56*
思い浮かべる	imaginarse que *163*
(…のことを大切に) 思い出している	recordar con cariño … *31*
(…を) 思い出してください	recuerda que … *165*
思う	imaginarse *46* / confiar *187*
(…のことを) 思う	pensar en … *205*
お礼する	recompensar a ＋人 *181*
お別れの昼食会	comida de despedida *94*
(心から) お詫びいたします	le pido mil perdones por … *199*
恩恵をほどこす	hacer el favor *138*

か

(…を) 介して	por medio de *38*
帰っている	estar de vuelta *181*
夏期コース	los cursos de verano *111*
(…と) 確信している	estar seguro de que … *178*
学生ビザ	visa de estudiante *118*
頭書	el encabezamiento *13*
(君の / あなたの) 家族	los tuyos / los suyos *57*
肩書	el título *19*
勝手ながら…いたします	me tomo la libertad de ＋不定詞 *147*
…かどうか	a ver si … *46*
…かどうか知るために	para ver si … *30*
必ず…してください	no dejes de ＋不定詞 *72*
我慢できる	llevadero *206*

…かも知れないので	por si ＋直説法 / 接続法 *59, 72, 95*
…からなる	consistir en *33*
(…に) 借りがある	deber a ＋人 *36*
可愛い人へ	mi amor *205* / vida mía *206*
(…に) 代わって	en nombre de ... *188*
(…の) 代わりに	en vez de ... *84*
(…のことを) 考える	pensar en ... *205*
歓迎の夕食会	cena de bienvenida *94*
(…に) 関して	respecto a ... *45* / en relación a ... *199*
関心	interés *151*
完全なものとする	perfeccionar *119*
願望	aspiraciones *153*

き

気が合う	simpatizar *146*
(…の) 期間	por el período de ... *121*
(…と) 聞きました	me han dicho que ... / me dijeron que ... *196*
気配り	atenciones *175, 186*
期限が切れる	expirar *118*
(大いに) 期待して	con mucha ilusión *119*
(…することを) 期待する	esperar que ＋接続法 *55*
(…に) 気づく	darse cuenta de ... *137, 207*
…気付	al cuidado de ... / a cargo de ... / a/c *19*
切手	los sellos *20*
休暇をとる	tomar las vacaciones *162*
(…を) 供給する	proveer de ... *114*
今日のところはこれだけです	Nada más por hoy. *46, 150*
興味があれば	si te interesa *77*
曲解する	tomar a mal *199*
(…に) 気を配る	cuidar ... *56*
金額…	la cantidad de *220*

く

クリスマス・カード	felicitación de Navidad *185*
クレジット・カード	tarjeta de crédito *121*

け

(…時間を) 経過する	llevar ＋時間 *42*
敬具	→ *15, 17*
敬称	→ *14*
携帯電話	teléfono móvil *90, 131*
結婚する	unirse en matrimonio / casarse / contraer matrimonio con ＋人 *102*
(…することを) 決心する	disponerse a ＋不定詞 *82*
欠席する	faltar *100*
健康に気をつけて	Cuida mucho tu salud. / Cuídate bien. *56*

こ

(たいへん) 光栄に存じます	será un gran honor … *78*
航空便で	por correo aéreo *112*
(男女が) 交際する	salir juntos *39*
(…の) 購読契約をする	suscribirse a … *121*
(…の言葉・意見を) 考慮する	hacer caso a ＋人 *167*
ご家族の皆さんによろしく	Recuerdos a tu familia. *56*
国際返信切手券	el vale respuesta internacional / el cupón respuesta internacional *21*
心から	con los brazos abiertos *99*
心づかい	atenciones *175, 186*
ご愁傷さまです	Le acompaño en el sentimiento. *171*
個人的に	personalmente *197*
ご尽力をお願いします	te agradeceré mucho tu interés en … *151*
(要望などに) 応える	responder a … *152*
こちらにお出での節は	cuando venga por aquí *74*
この手紙	la presente *42*
この年末	este fin de año *53*
(…のことを) ごめんなさい	perdón por … *193*
ご覧のように	como ves *34, 179* / como puede ver *63*
ご両親によろしく	Muchos saludos a tus padres. *65*
これにて失礼します	se despide tu amigo *133*
壊れている	estar estropeado *193*
今月末	este fin de mes *53*
今週末	este fin de semana *53*
婚礼の祝福	Bendición Nupcial *103*

さ

(…に) 最善を尽くす	hacer todo lo posible por (para) … 64
幸いにも	felizmente 174
…さえ…ない	ni siquiera 48
さしあたり	por ahora 26
差出人	el remitente 12 / Rte. 20
(祝福を) 授ける	impartir 103
…させていただきます	me he tomado la libertad de ＋不定詞 120 / me tomo la libertad de ＋不定詞 147
(…に) …させる	hacer a ＋人＋不定詞 68, 176
(…がいなくて) さびしい	echar de menos a ＋人 39
…様方	al cuidado de … / a cargo de … / a/c 19
様々な時間に	a distintas horas 137
寒い	hace frío 27
(…に) 参加する	unirse a 99
3食付き宿泊	pensión completa 115
残念ながら	desgraciadamente 192
参列する	acompañar a ＋人 102

し

次回の手紙	la próxima 42
時宜にかなった	oportuno 86
自己紹介させていただきます	Me tomo la libertad de presentarme a usted. 49
事実	hecho 199
…したい	tener ganas de ＋不定詞 40
…しだい	en cuanto ＋接続法 134
…したいのですが	me gustaría … 110
…したくて	con ganas de 40
じっくりと	con detenimiento / detenidamente 155
(…を) 知って	enterado de … 68
実は	es que 30 / lo que pasa es que 193
実を言えば	a decir verdad 195
…してある	tener ＋過去分詞＋目的語 114
…していく	ir ＋現在分詞 / seguir ＋現在分詞 38
…してから (時間が) …になる	hace … que ＋直説法 36, 77, 195
…してくださる	dignarse ＋不定詞 103 / tener la amabilidad de ＋不定詞 116

(…に) 支店を開設する	abrir una sucursal en … *144*
住所を変える	mudarse / cambiar de domicilio *74*
住所を知らせる	ofrecer su domicilio *104*
(…の) 手段に訴える	recurrir a … *169*
出欠の確認	confirmación *101*
出欠をお知らせください	Rogamos confirmación. / Se ruega comuniquéis la asistencia. *101*
春期コース	los cursos de primavera *111*
巡礼をする	hacer una peregrinación *128*
署名	la firma *18*
(本状の終わりに) 署名する…は	el que suscribe … *136*
署名人	Fdo. / Firmado *136*
知らせる	anunciar *175*
(情報などで…を) 知る	enterarse de … *38*
親愛なる	→ *13*
人事課	sección de personal *197*
親展	carta confidencial *152*
新年	Año Nuevo *57*
心配してくださってありがとう	gracias por preocuparte *164*
深夜に	bien entrada la noche *122*

す

推薦申し上げます	me permito recomendarle *151, 152, 153*
(…すると) すぐ	tan pronto ＋接続法 *82*
素泊まりで	en régimen de solo dormir *115*
すばらしい	formidable *180*
…する気にさせる	animar a ＋不定詞 *40* / si te apetece ＋不定詞 *91*
…する度に	cada vez que … *110*
…する時には	cuando ＋接続法 *66*
…するとすぐに	en cuanto ＋接続法 *112*
…するまで	hasta que ＋接続法 *205*

せ

成績証明書	el certificado de calificaciones *222*
…せざるを得ない	verse obligado a ＋不定詞 *192*
先回の手紙	la última *42*
前進する	ir a más / progresar *138*

そ

(…について) 想像する	hacerse una idea de … *43*
(…の) 送付	envío de … *72*
(…を) 卒業する	graduarse en … *153*
そのことを考慮していただき	rogándole tenga en cuenta este hecho *121*
その時まで、では	Hasta entonces, pues. *96*
それはそうと	a propósito *30*
(…に) 存する	consistir en *33*

た

怠慢な	dejado *37*
(人について) たずねる	preguntar por *198*
立替金	pago adelantado *220*
楽しいひとときを過ごす	pasar un rato agradable *100*
楽しく過ごす	pasarlo bien *174*
楽しくない	pasarlo mal *174*
(とても) 楽しみに	con ilusión *54*
たぶん	tal vez ＋接続法 *81*
(…する) ために	de manera que ＋接続法 *64*
(…するのを) ためらう	dudar en ＋不定詞 *36*
ためらわずに…してください	no dudes en ＋不定詞 *31*
(…から) 便りがない	no saber nada de *133*
頼りにする	contar con *67*
(…に) 便りを書く	dirigirse a *129*

ち

(…の) 近くで	por *29*
知識を広げる	ampliar *119*
(…するのを) ちゅうちょする	vacilar en ＋不定詞 *186*
直接	personalmente *197*

つ

追伸	La posdata / P.D. *18*
(…を) 通じて	por medio de *38, 64*
通年コースのプログラム	los programas del curso general *111*
(スペイン語・日本語の) 通訳者	un/una intérprete del español al japonés y viceversa *144*

告げる	anunciar *175*
(あなたにとってもっとも) 都合のよさそうな日時に	el día y la hora que más le convengan *118*
伝える	facilitar *86*
謹んで…いたします	tener el honor de ＋不定詞 *147*
謹んでお知らせいたします	se complacen en comunicarles ... *104*

て

提供する	facilitar *86*
(…に) 手紙を書く	dirigirse a ＋人 *129, 168*
手紙を交わす	cruzarse *40*
出来事	hito *187* / hecho *199*
出来ばえがよい / 悪い	quedar bien/mal *183*
できるかぎり	lo más que poder / lo más ＋形容詞・副詞 +posible *35*
…できる状態にある	estar en disposición de ＋不定詞 *64*
できるだけ早く返事をください	Escríbeme lo antes que puedas. *135*
できれば	si fuera posible *90* / si hace el favor *138*
できれば…したかった (ができなかった)	me hubiera gustado *169, 197*
(…を) 手渡す	entregar *177*
天気がよい / 悪い	hacer buen/mal tiempo *27*
典型的な	típico *97*
伝言	el recado *217*
転送	*87, 139, 140*
伝統的な	típico *97*
添付する	adjuntar *72, 175*

と

(…では) ということです	me han dicho que ... / me dijeron que ... *196*
…というのは	es que *30*
同級生たちと	con mis compañeros/as de clase *73*
同席する	acompañar a ＋人 *102*
同封して	adjunto *153*
同封する	adjuntar *175*
(…に) 登録する	inscribirse en ... *117*
遠くに	a trasmano *182*

特に	en especial *187*
…として	en concepto de *220*
どのように	qué tal *97*
取り急ぎ	me apresuro a *68* / deprisa *148*
どんなに…であるか	lo ＋形容詞＋ que ＋直説法 *84, 208*

な

内密な	confidenciales *152*
（…することが）なかなかできない	costar a ＋人＋不定詞 *194*
夏祭	ferias de verano *92*
（…の）名において	en nombre de *188*
何はともあれ	a pesar de todo *41*
…なので	de manera que ＋直説法 *64*
（…の）名前をあげる	nombrar a ＋人 *185*

に

2週間	quince días *82*
2食付き宿泊	media pensión *115*
任命される	ser designado *145*

ね

（…することを）願っている	esperar que ＋接続法 *55*

の

（…を）除いて	a excepción de *184*

は

拝啓	→ *13, 17*
拝見しました	veo que … *31*
賠償金として	en concepto de indemnización *220*
発送荷物	envío *122*
（…に）話しかける	dirigirse a ＋人 *168*
（…するのが）早い	ser rápido en ＋不定詞 *35*
半月	quince días *82*
半年後に	dentro de medio año *144*

232

ひ

(…を) 引き受ける	acoger a ＋人 *115*
(…と) 引き換えに	a cambio de *119*
久しくお便りしていません	Hace mucho tiempo que te debo carta. *35*
久しぶりですね	Tanto tiempo sin encontrarnos. *77* / Hace mucho tiempo que no nos vemos. *93* / ¡Cuánto tiempo sin vernos! *203*
日付	la fecha *12*
秘密の	confidenciales *152*
(高く) 評価する	apreciar *55, 186*
(自分の考えを) 表現する	expresar sus ideas *40*
披露宴	banquete nupcial *103*

ふ

ファックス送付	el envío de Fax *216*
封筒	el sobre *18*
不運にも	desgraciadamente *192*
(…に) 不思議に思える	extrañar a ＋人＋ que ＋接続法 *207*
無精な	dejado *37*
再び	de nuevo / nuevamente *129*
再び…する	volver a ＋不定詞 *205*
(職場・勤務に) 復帰する	reincorporarse a *183*
(ささやかな) プレゼント	un detalle *62*

へ

返事がない	sin contestación *132*
(…にまだ) 返事を出していない	deber a ＋人＋ carta *36*
返事を待っています	Espero tu contestación. *93* / Espero recibir tu respuesta. *128*
返礼する	devolver *182*

ほ

(…の) 方式で	en régimen de … *115*
(…を) 訪問する	hacer una visita a … *128*
保証する	avalar / garantizar *151*
本状	la presente *42*
本文	el cuerpo *14*

（スペイン語・日本語の）翻訳者	un/una traductor/ra del español al japonés y viceversa *144*

ま

前もってお礼申し上げます	Mil gracias por anticipado. *114*
前もって知らせてください	anúnciame con antelación *175*
まさに…しようとしている	estar a punto de ＋不定詞 *142*
まず第一に	en primer lugar *66*
またの機会に	Será en otra ocasión. *197*
またの機会に…したい	espero buscar otra ocasión para … *98*
（…を）待ちかねる	esperar … con impaciencia *206*
（…で）待っています	te esperaré en … *28*
満喫する	saborear *97*
満期になる	expirar *118*

み

自ら	personalmente *197*
（…を…と）みなす	considerar … ＋目的語 *86*
（…と）見ました	veo que … *31*

む

（…を）迎え入れる	acoger a ＋人 *115, 148*
（…に）報いる	recompensar a ＋人 *181*
蒸し暑さ	calor sofocante *27*
結び	la despedida *15, 17*

め

メール	correo electrónico / correo / e-mail / mail *26*
メールアドレス	dirección de e-mail / domicilio de e-mail *75, 131*
メールをお待ちしています	Quedo a la espera de su e-mail. *112*
メールを再送してください	Mándame de nuevo tu e-mail. *76*
メールを再送します	te envío de nuevo mi e-mail *110*

も

もう一度	de nuevo / otra vez *76*
（…に）申し込む	inscribirse en … *117*
申し訳ありませんが	perdón por la molestia, pero … *130*

（…のことを）申し訳ございません	le quisiera pedir perdón por ... *193*
もうすぐ	pronto *26*
もしそうでしたら	en caso afirmativo *120* / si es éste el caso *123*
もしそうでないならば	en caso negativo *120*
（結果を）もたらす	dar *65*
持つ	contar con *68*
（…に）基づいて	al amparo de ... *136*
催される	tener lugar *99, 146*
（ここでの）問題は…です	se trata de ... *113*

や

やあ	buenas *43*
約束	cita *192*
約束どおり	como te prometí *41*
安らかに眠りたまえ	q.e.p.d. *189*
（すべてを）やり終える	dejarlo todo hecho *149*

ゆ

（…を）夢に見る	soñar con *26*
（…に）夢を抱く	tener ilusión (por) *83*
許す	dispensar *85*

よ

宵の口に	poco entrada la noche *122*
擁する	contar con *68*
（…の）ようです	parece que ... *195*
夜がふけて	avanzada la noche *122*
予期せぬこと	algunos imprevistos *199*
（…に）よって	con ... *83*
予約	cita *192*
よろしかったら	si fueras tan amable *142*
よろしく（と伝えてください）	te mando recuerdos para ... *32* / saludos para ... de mi parte *32* / recuerdos a ＋人 *32* / mis recuerdos a ＋人 *32* / le doy recuerdos a ＋人 *32* / manda saludos a ＋人 *198*

り

(…と) 理解される	se entiende que *122*
(何らかの) 理由があるとすれば	si hubiese cualquier causa *132*
領収書	el recibo *219*
旅行代理店	agencia de viajes *199*
履歴書	curriculum vitae / historia personal *197, 212*

わ

(…と) 別れる	terminar con ＋ 人 / acabar con ＋ 人 / romper con ＋ 人 *48*
わざわざ…する	molestarse *187*
わずかな	cuatro *209*
(…を) 忘れないでください	recuerda que … *165*
(…に) 忘れられる	olvidarse a ＋ 人 *63*
悪い知らせ	una mala noticia *86*
悪くなる	ir a menos *138*

著者略歴
木下 登（きのした・のぼる）
南山大学外国語学部イスパニヤ科卒。スペイン政府給費留学生。1977年サラマンカ・カトリック大学、サラマンカ大学卒業後、同大学院博士課程修了、1981年両大学より哲文学博士号（哲学）取得。スペイン哲学専攻。南山大学教授。

新版 スペイン語の手紙　Eメールと手紙の書き方

2013年4月10日 印刷
2013年4月30日 発行

著　者 © 木　下　　　登
発行者　　及　川　直　志
印刷所　　研究社印刷株式会社

発行所　101-0052 東京都千代田区神田小川町3の24
電話 03-3291-7811（営業部）、7821（編集部）　株式会社　白水社
http://www.hakusuisha.co.jp
乱丁・落丁本は送料小社負担にてお取り替えいたします。

振替 00190-5-33228　　　　Printed in Japan　　　加瀬製本

ISBN978-4-560-08625-4

▷ 本書のスキャン、デジタル化等の無断複製は著作権法上での例外を除き禁じられています。本書を代行業者等の第三者に依頼してスキャンやデジタル化することはたとえ個人や家庭内での利用であっても著作権法上認められていません。

辞典

現代スペイン語辞典（改訂版）
宮城 昇／山田善郎 監修
ベストの評価を受けている，オールラウンドな西和辞典．ニュアンス・語法・文化的背景にも踏み込んでスペイン語をより正しくこまやかに理解できる．語数 46,500． B6変型 1524頁 2色刷

和西辞典（改訂版）
宮城 昇／山田善郎／他 編
和西辞典のスタンダード．初級からビジネスまで．35,000項目． B6変型 1443頁

パスポート 初級スペイン語辞典
宮本博司 編
超ビギナー向け，いたれりつくせりの入門辞典． B6判 399頁 2色刷

スペイン語 ミニ辞典 ◎西和＋和西◎（改訂版）
宮本博司 編
いつでもどこでもすぐ使える西和＋和西＋ジャンル別語彙集． B小型 665頁 2色刷

スペイン語 ジェスチャー小辞典
高垣敏博／上田博人／他 著
スペイン語圏の人々がよく使う身ぶり約130項目を詳しく解説． 四六判 240頁

問題集

スペイン語力養成ドリル2000題
加藤伸吾 著
A5判 174頁

スペイン語実力問題集（新装版）
坂本 博 著
A5判 146頁＋別冊解答【CD付】

単語集

もっと使える基本のスペイン単語
高橋覚二 著
B小型 266頁

熟語集

例文で覚える スペイン語熟語集
高橋覚二／伊藤ゆかり 著
四六判 207頁

検定

スペイン語検定対策 5級・6級問題集
青砥清一 編著
A5判 166頁【CD付】

スペイン語検定対策 4級問題集
青砥清一 編著
A5判 158頁【CD付】

スペイン語検定対策 3級問題集
青砥清一 編著
A5判 177頁【CD付】

作文・表現・会話

解説がくわしいスペイン語の作文
山村ひろみ 著
A5判 155頁

日本語から考える！ スペイン語の表現
長谷川信弥／山田敏弘 著
四六判 165頁

スペイン語の落とし穴
エミリオ・ガジェゴ 著
四六判 176頁

ホームステイのスペイン語
立岩礼子 著
四六判 170頁【CD付】

ビジネス

貿易実務のスペイン語
前田貞博 著
◎ビジネスメール例文集◎ A5判 194頁

中級

中級スペイン文法
山田善郎 監修
品詞ごとに文法規則を説明し，巻末に細かい索引を付けた，もっとも詳しい文法解説書．学習者必携！ A5判 640頁